現代のチャネル戦略

チャネル戦略研究への招待

住谷 宏 著

同文舘出版

まえがき

　本書は，序章，第Ⅰ部，第Ⅱ部，終章の4つの部分から構成されている。
　「序章　チャネル戦略研究とは」を執筆したのは，従来から，いわゆる「チャネル論」というものを十分に理解できないでいるからである。チャネル論というのは，何を明らかにしようとする研究なのか。例えば，チャネル構成員間の関係とその変化を明らかにするということなら，流通論の一部なのではないだろうかと考えることもあった。チャネル論研究とチャネル戦略研究は，混同されたり，同一視されたりしているように思えるが，チャネル戦略は，消費財メーカーの営業方針を決めるものであるし，それを研究対象にするチャネル戦略研究は，現実の消費財メーカーのチャネル戦略を観察し，理解し，その実態を明らかにしたり，法則を見出したりするものである。また，時には規範論的に，チャネル戦略はこうあるべきだと論ずる時もある。そのようなチャネル戦略研究の内容を具体的に示したくて序章を執筆した。
　第Ⅰ部は，チャネル戦略の基本的知識と筆者が理解していることを整理しようとしている。この第Ⅰ部を執筆するにあたって，一番悩んだのは，従来からあるチャネル構築・チャネル管理・チャネル評価という考え方の「チャネル管理」の部分である。今や，消費財メーカーが大手チェーン小売企業をコントロールできないのは明確であるから，「チャネル管理」という部分をどのように表現するかである。研究者によっては，「チャネル・アレンジメント（channel arrangements）」，「チャネル関係（channel relations）」，「チャネル運営（channel implementation）」という用語を使っている。その内容は，比較的共通していて，チャネル・メンバーの協力を得るために調整（コントロールすることも含めて）することである。この点については，第1章で簡単に紹介している。本書では，「チャネル調整」という用語にした。その上で，キーアカウント・マネジメントから学んだ「関係性の管理」という考え方が，今後の大手チェーン小売企業

とのチャネル調整の内容になっていくと考えている。

　第Ⅱ部は，小売業のバイイング・パワーに対して消費財メーカーがどのように対応すべきかという問題について検討している。そのために，バイイング・パワーについて最初に検討している。次に，日本におけるバイイング・パワーの実態の変化について各種調査研究の報告書から明らかにしようとした。その後，英国の知恵を確認した上で，それぞれの業界のリーダー企業が，PBを受託製造すべきかという問題をあえて1つの章にしている。筆者は，従来からリーダー企業はPBを受託製造すべきでないと考えているので，その理由などをまとめた。また，PBと専用商品は異なるということをトレード・マーケティング戦略で学んでいたこともあって，PBと専用商品を混同してはいけないことを強調している。その後，消費財メーカーのバイイング・パワー対応についての私論を展開している。

　「終章　チャネル戦略研究の課題」については，筆者が研究したいと思っていながら研究できていないテーマについて整理している。特に，バイイング・パワーの測度の開発は，重要であると思う。この問題をもしも解決することができれば，バイイング・パワー問題に関する研究は，一気に発展する。この問題を研究する研究者の登場が待たれるし，登場することを期待している。また，チャネル戦略を巡る国際比較研究も待たれるところである。国際比較研究が進展すれば，多くのチャネル戦略に関する新たな知見が増えるものと考えられる。

　また，チャネル戦略研究の課題に取り組む研究者が出たときに，チャネル戦略については第Ⅰ部や第Ⅱ部で整理した内容を既知として理解し，直線的に課題に取り組むことを期待している。そのような研究者が現れることを期待して，本書をまとめたというのが，本書執筆の1つの目的である。

　最後に，本書の出版を快くお引き受けくださった同文舘出版(株)と，本書の原稿が出来上がることを辛抱強く待っていただいて編集・校正でお世話になった取締役・編集局長の市川良之氏に心からお礼を申し上げたい。

2019年6月

住谷　宏

目次

まえがき　(1)

序章　チャネル戦略研究とは ―――――――――――――――――― 3

第1節　何を研究するのか ……………………………………………… 4
1. マーケティング・チャネル論の研究成果の理解・把握　4
2. 消費財メーカーのチャネル戦略の事例研究　4
3. チャネル戦略立案の環境の把握　6
4. 消費財メーカーのチェーン小売業への活動内容と依存関係の変化を注視　8
5. 消費財メーカーの消費者直販行動に注視　9
6. 小売業の集中度が高い国の消費財メーカーのチェーン小売業対応　10

第2節　チャネル戦略研究の意義 ……………………………………… 10
1. ネット通販時代にチャネル戦略研究の意義は低下しているのではないか　10
2. 消費財メーカーが流通業をコントロールできないのに，チャネル戦略研究をしても意味は無いのではないか　11

第Ⅰ部　チャネル戦略の基本知識

第1章　チャネル戦略への導入 ――――――――――――――――― 15

第1節　マーケティング・チャネルの概念 …………………………… 15
1. チャネルという用語について　15
2. マーケティング・チャネルの定義　21

第2節　マーケティング・チャネルの役割………………………………………23
　　第3節　チャネル戦略の意思決定領域……………………………………………24
　　　1. 3人のマーケティング学者のチャネル戦略についての考え方　25
　　　2. Stern and El-Ansaryのチャネル戦略の意思決定領域　27
　　　3. チャネル戦略の主な領域　29

第2章　チャネル構築————————————————————31

　　第1節　販売の地理的範囲の決定…………………………………………………31
　　第2節　チャネル・デザインの基準………………………………………………32
　　　1. 長　短　33
　　　2. 広　狭　34
　　　3. 開　閉　36
　　第3節　チャネル・デザインでの重視点…………………………………………36
　　第4節　買物行動とチャネル・デザイン…………………………………………37
　　　1. 探索性向　38
　　　2. 探索性向が大きくなる条件　38
　　　3. 探索性向とチャネル・デザイン　38
　　第5節　チャネル構築に関する議論からの示唆…………………………………39

第3章　チャネル調整とチャネル評価————————————43

　　第1節　チャネル管理………………………………………………………………43
　　　1. 動機付け　43
　　　2. チャネル交渉の要因関連モデル　44
　　　3. パワー・コンフリクトモデル　46
　　　4. 仕入れ依存度（依存度モデル）　48
　　　5. 資源依存モデル　49
　　　6. 依存とパワーの関係　49
　　　7. IBCM説　50
　　　8. 営業資源の価値モデル　51
　　　9. チャネル管理論から示唆される事　52

第2節　チャネルの評価……………………………………………………54
　　　1．短期的チャネル評価　54
　　　2．長期的チャネル評価　57

第4章　低集中度販路におけるチャネル戦略 ─── 59

　　第1節　低集中度販路と高集中度販路…………………………………59
　　　1．低集中度販路と高集中度販路の特徴　59
　　　2．高集中度販路出現の理由　61
　　第2節　低集中度販路におけるチャネル戦略の経験則………………62
　　　1．配荷店数最大化の原則　62
　　　2．流通系列化の原則　65
　　　3．取引条件の非標準化の原則　67
　　第3節　チャネル戦略の経験則の成立とその相互関連性……………69
　　　1．経験則の成立　69
　　　2．経験則の相互関連性　70

第5章　チャネル戦略の焦点の変化 ─── 73

　　第1節　低集中度販路におけるチャネル戦略の経験則の有効性が低下した理由…73
　　　1．配荷店数最大化の原則に関する前提条件とその崩壊　73
　　　2．流通系列化の原則の前提条件とその崩壊　74
　　　3．取引条件の非標準化の前提条件とその崩壊　75
　　第2節　経験則の前提条件を崩壊させた要因……………………………77
　　第3節　チャネル戦略の焦点の移行………………………………………80
　　　1．メーカーの計画的販売の構図　80
　　　2．メーカーの卸売業対応の変化　83
　　　3．卸売業対策中心からチェーン小売業対策中心へ　86

第6章　消費財メーカーのチェーン小売業への営業活動とその変化 ─── 88

　　第1節　「店頭露出最大化の原則」実現のための活動……………………88

第2節　チェーン小売業対応の実際とその変化……………………………92
　　1. 1980年代末の状況　92
　　2. 1990年代中頃の状況　96
　　3. 2000年頃の状況　99
　　4. 2000年以降のメーカーのチェーン小売業対応の状況　101

第7章　チャネル構成員間の依存関係と信頼 ───── 106

第1節　消費財メーカーとチェーン小売業の依存関係……………………106
　　1. メーカーがチェーン小売業に依存する資源　106
　　2. チェーン小売業がメーカーに依存する資源　108
第2節　メーカーとチェーン小売業の依存関係の変化……………………109
　　1. チェーン小売業のメーカーへの依存の変化　109
　　2. メーカーのチェーン小売業への依存の変化　110
第3節　媒介変数としての信頼…………………………………………………111
　　1. 特定のメーカーに依存する状況　111
　　2. 信頼概念の多様性　112
第4節　メーカーとチェーン小売業との「信頼」関係の現状……………114
　　1. 信頼関係の現状　115
　　2. メーカーとチェーン小売企業との「信頼」を妨げる要因　117
　　3. 「信頼」関係形成への期待とメーカーの機会　118
第5節　信頼の規定要因と信頼と成果の関係…………………………………119
　　1. 信頼の説明変数　119
　　2. 信頼の規定要因に関する実証分析　120
　　3. 信頼と成果に関する実証分析　121

第Ⅱ部　消費財メーカーのバイイング・パワー対応戦略

第8章　日本におけるバイイング・パワーの実態とその変化 ─── 127

第1節　バイイング・パワーの問題点………………………………128
第2節　日本におけるバイイング・パワーの実態とその変化………129
　1. 80年代前半のバイイング・パワーの実態　129
　2. （財）食品産業センターの調査に見るバイイング・パワーの実態　131
　3. バイイング・パワーの実態の変化　135
　4. 大規模小売業告示による改善　139
　5. 「人」「モノ」「カネ」「ノウハウ」「リスクの削減」　139
第3節　バイイング・パワーの変化…………………………………141

第9章　バイイング・パワーと法規制 ─── 143

第1節　大規模小売業告示までの動向………………………………143
第2節　大規模小売業告示の効果……………………………………147
第3節　大規模小売業告示施行後の動向……………………………150
　1. ヤマダ電機への排除命令　150
　2. セブンイレブン・ジャパンへの排除措置命令　151
第4節　独禁法改正……………………………………………………153
　　　　─優越的地位の濫用に課徴金適応─

第10章　英国の知恵に学ぶチェーン小売業対応戦略 ─── 157
　　　　─トレード・マーケティング戦略とキーアカウント・マネジメントから学ぶ─

第1節　トレード・マーケティング戦略から学ぶ点…………………158
　1. トレード・マーケティング戦略の発想　158
　2. トレード・マーケティング戦略の内容　159
　3. トレード・マーケティング・ミックス　163
　4. トレード・マーケティング戦略から学ぶべき点　165

第2節　キーアカウント・マネジメントから学ぶべき点·················167
　　1．キーアカウントの認知階段　168
　　2．関係性の管理　170
　　3．マーケティング・コミュニケーション　172
　　4．キーアカウント・マネジメントから学ぶ点　173

第11章　シェアNO.1メーカーはPBを製造すべきか──176

第1節　PB供給のメリットとデメリット·······················177
　　1．PB供給のメリット　177
　　2．PB供給のデメリット　181
第2節　NBメーカーがPBを供給することについてのチャネル戦略の視点
　　　　からの評価·································183
　　1．NBとPBの両方を供給する日本の消費財メーカーの考え方　183
　　2．販売依存度とバイイング・パワー　185
第3節　日本のシェアNO1のメーカーはなぜPBを供給するのか··········186
　　1．仮説1：日本の消費財メーカーは，ブランド認識が低い　188
　　2．仮説2：日本の消費財メーカーは，PB対応では短期志向　190
第4節　おわりに································192

第12章　消費財メーカーのバイイング・パワー対応戦略──194

第1節　企業レベルの対応戦略·····························195
　　1．損益分岐点比率の引き下げ　195
　　2．素材産業などの消費材以外の分野への進出　196
　　3．大手チェーン小売業対応の基本方針　197
　　4．チェーン小売業を経ないチャネルの開拓・育成　197
　　5．営業組織を変える〜販売依存度の分母を大きくすること〜　202
　　6．買収・経営統合〜品揃えへの影響力を高めること〜　202
　　7．共生チャネル戦略　204
　　8．共同販売会社の設立　207
　　9．戦略的広報活動　207

第2節　担当部署レベルの対応戦略………………………………………208
 1. 関係性の管理〜チェーン小売業を分類して対応すること〜　208
 2. 質的に依存させること　211
 3. チェーン小売業の自社に対する評価についての定期的調査　212

終章　チャネル戦略研究の課題 ― 215

第1節　バイイング・パワーに関する研究………………………………215
第2節　チャネル戦略とバイイング・パワーに関する国際比較…………217
第3節　チャネル戦略とネット通販………………………………………218
第4節　消費財メーカーのチャネル戦略の変化に関する研究……………221
第5節　バイヤーに関する継続的調査研究………………………………221

〈付属資料〉　住谷宏のチャネル戦略研究関連著書・論文 ― 223

索　引 ― 225

現代のチャネル戦略
―チャネル戦略研究への招待―

序　章
チャネル戦略研究とは

　「マーケティング・チャネル（marketing channel）戦略」あるいは「流通チャネル（channel of distribution）戦略」を，本書では，単にチャネル戦略と呼ぶ。

　チャネル戦略の主体は，本書では消費財メーカーに限定して考える。消費財メーカーが，商品を販売する時に，与えられた目標を達成するために，①販売エリアの決定，②販売経路（チャネル）の決定，③チャネルの構築，④チャネルを構成する流通業者との関係管理あるいはチャネル調整，⑤チャネル評価，などをチャネル戦略と呼ぶ。

　ただし，上記のチャネル戦略を意思決定したからといって，商品が販売できるわけではない。チャネルを構築するために，流通業者を選定したり，メーカーの営業マンが選定した流通業者を訪問して，交渉しないといけない。また，商品を販売する場合にも流通業者を訪問して，商談しないといけない。したがって，チャネル戦略は，消費財メーカーの営業マン活動の方針を示すものとも言える。

　営業マンは，どこを訪問すべきなのか，どこに月，何回行くべきなのか，そこに行ってどのように営業活動をすべきなのか，何を交渉するのか，何をどのように提案するのか，これらの方針を決めることもチャネル戦略に含まれているのである。チャネル戦略は，このように営業マン活動と密接に関連していることを意識する必要がある。

　このようなチャネル戦略研究を行っている研究者は，少なくとも日本ではほとんどいないと言っていいだろう。もしも，興味や関心をもっても，研究の積

み重ねが非常に少ないので，何から学んだらいいのか，何を研究したらよいのかが分からない可能性がある。また，本や論文を読んでもチャネル戦略についてわからない部分が多いのも事実である。そのため，チャネル戦略を研究する人がほとんどいないのだと考えられる。そこで，本書では，チャネル戦略を研究しようとした場合，何を研究すべきなのか，そして，何がわかっているのか，今後の課題は何なのかを整理していきたい。

第1節 何を研究するのか

1. マーケティング・チャネル論の研究成果の理解・把握

　戦略は，理論の応用だと言われることがある。そのため，チャネル論から援用できる考え方はないか，示唆している考え方はないのかを，チェックする必要がある。あくまでチャネル戦略に援用あるいは応用できる考え方を探そうとする視点から，チャネル論の論文や本を読むことになる。最初に，チャネル論研究の成果を理解することが必要である。その上で，援用あるいは応用できる考え方を探すことになる。例えば，本書の第Ⅰ部の第2～4章は，既存文献・論文からの知見を基にチャネル戦略の視点から書かれている。

2. 消費財メーカーのチャネル戦略の事例研究

　ある消費財メーカーのチャネル戦略や営業活動の実態を理解することが，チャネル戦略研究をする場合には絶対必要である。時には，歴史的な変化を理解したり，あるいは現状の実態と問題点を理解するのでもよい。このような事例研究の積み重ねがチャネル戦略研究の基本となる。

　例えば，以下は朝日酒造のチャネル戦略の変化の事例である[1]。

　1984年まで朝日酒造(株)は「朝日山」というブランドだけを生産し，新潟県内だ

けで販売していた。しかし，80年代になって「朝日山」が売れなくなってきた。初めて売上減少を経験した。当時，「越の寒梅」が首都圏で話題になり，よく売れていた。朝日酒造は，消費者の日本酒に対する好みが変わってきていることを実感していた。ホワイトカラーが増加したこともその大きな要因であると捉えていた。朝日山のチャネルは，朝日酒造から県内の特約店と呼ばれている酒類卸売業3〜5社に販売され，そこから県内の約3500店の酒販店に販売され，そこから消費者や飲料店に販売されていた。営業マンは，夜討ち朝駆けで酒販店に行って，「もう1ケースお願いします」というお願い営業をしていた。

　1985年から朝日酒造は久保田戦略をスタートした。精米歩合を高め，淡麗にして，やわ口，飲みやすいすっきり型の「久保田」を発売した。朝日酒造は，ホワイトカラー層の増加は軽い，味のきれいな方向を求めると予測したのである。チャネルは，朝日酒造から新潟県の190店，全国で360店の酒販店に限定して，直販することにした。お店の選択基準で重視したのは，①年商の50％以上を日本酒販売にしようとしている日本酒専門店志向であること，②消費者に久保田の良さを説明できること，③商品の品質を保持できる店であることなどであった。営業は一転した。「お願いします」から「お宅へは売れません」と180度の転換であった。なぜお宅へは売れないかを説明する毎日であった。

　久保田は，消費者の支持を集め，抜群の売れ行きとなった。朝日酒造は，販売店を限定しているだけではなく，①注文は年1回だけ（1年前に1回だけ注文してもらう・・・実質的に受注生産），②その注文を月に1回メーカーが直送する（注文量を減らすことはできるが増やすことはできない）という久保田方式をとっている。

　その後，久保田を取り扱いたいという酒販店が激増した。その中から条件に合うお店として，一時は915店まで増やしたが，その後800店弱になっている。朝日酒造は，常に販売する酒販店を見直し，メーカーの考え方を理解してくれる日本酒専門志向のお店と運命共同体となって，久保田を生産・販売しているのである。

　この朝日酒造のチャネル戦略の変化は，集約的チャネル戦略から選択的チャネル戦略への変化として，比較的有名な事例であるが，ここには消費者の嗜好の変化，商品開発の変化，チャネルの変化，営業活動の変化があることがわかる。このようにチャネル戦略の変化の背景には，消費者の変化，流通業の変化，商品開発の変化などチャネルを取り巻く諸要因の変化が起きていることが多い。そのため，チャネル戦略の研究のためには，消費者，流通業の変化などに

常に目を配る必要がある。

　ところで，トヨタ自動車が，4系列方式を変え，2020年5月から全販売店で全車種を併売する方針を決めた[2]。これはクローズド・チャネルから，オープン・チャネルへの大きな変化である。全国，約5000店の品揃えは同じになるから，同じトヨタのディーラー間での価格競争，サービス競争が激しくなることは間違いない。そのため，5,000店が生き残るのは難しい。そのため，単なる車の販売と修理点検だけでなく，サービス拠点にすることを考えている。その1つが，「サブスクリプション」サービスの導入で，定額制で高級車「レクサス」などを一定期間で乗り換えられるサービスを導入し，同時に，最大4万台ある試乗車を活用して，カーシェアにも参入するようだ。このチャネル戦略の大きな変化の背後には，自動車の新車販売台数の減少が続いていることが大きく影響している。例えば，一般社団法人日本自動車販売協会連合会の新車年別販売台数をみると2014年は556万台であったが，2018年は488万台（87.8％）となっており，4年間で12.2％減少している。このような国内自動車販売台数の削減とともに，2016年の自動車ショーでドイツのダイムラー社の社長が自動車の次世代の姿を「CASE」（「Connectedコネクテッド（つながる）」「Autonomousオートノマス（自動運転）」「Sharedシェアリング（共同所有）」「Electricエレクトリシティー（電動化）」）と表現し，それが広く使われるようになった。このCASEが，トヨタのチャネル戦略の大きな変更の背後にあることは間違いない。

　このようにチャネル戦略の変更は常に起きている。このようなチャネル戦略の変更の事例を詳しく調べて，整理することが大切である。

3. チャネル戦略立案の環境の把握

(1) 消費者の嗜好や買物行動

　人口，世帯数，年齢構成などが基本となるが，朝日酒造の例にあったような消費者の嗜好の変化，あるいは自動車の例のように，消費者の価値観の変化（所有からシェア）から，明らかに需要量が減少しているとか，スマホで衣料品を

購入する若者が多くなったとか，このような嗜好，価値観，買物行動の変化は，商品開発を変えたり，ビジネスモデルを変えたり，小売構造を変える原因となる。そのため，消費者の大きな変化を理解しようと務めることは大切となる。

(2) 小売構造・卸売構造の把握

　小売店数，業種別構造，規模別構造，業態別構造などの変化をみることが大切となる。小売業の上位集中度を把握できるとさらに良い。

　例えば，今，成長している小売業態といえば，ドラッグストアである。ドラッグの2017年度の売上高は6兆8,504億円。2年連続で百貨店を上回っている。売上高は前年比5.5％増。成長のけん引役が食品で，2017年度のドラッグの食品売上高は1兆5,500億円で，前年比8.5％増。すでにドラッグの売上高の22％は食品である。コンビニと競合する「おにぎり」「コーヒー」などを扱うドラッグも増えている。もう1つが調剤である。日本の調剤市場は8兆円と言われているが，ドラッグのシェアは1割程度の8,069億円。将来的には，30～40％のシェアになるといわれている。

　化粧品・医薬品を中心にしながら，食品で消費者を来店させ，調剤で固定客をさらに作るというコンビニエンス・ストアにはない武器もドラッグにはあるので，当分，ドラッグの成長は続きそうである。

(3) 大手小売企業の戦略・システムの理解

　例えば，コンビニエンス・ストアのように大手3社で大部分のシェアをとるようになってくると，それぞれの企業の考え方，戦略，システムなどを理解しないと対応できなくなる。メーカーが，本社で新製品の特徴，セールストークなどを教え，それぞれの担当営業マンが，同じことをどこの小売企業との商談の場でも話せばよいというものではない。それぞれの小売企業の考え方や，戦略にこの新製品は合っているのか，貢献できるのかなどを考慮した上で商談の場にいかなければならない。

　そのため，消費財メーカーによっては，大手小売企業（メーカーにとっては，自社製品の販売先ベスト10の小売企業くらい）は個別にその小売企業の考え

方，戦略，システム，社内組織などを毎年，整理しているところもある。研究者もまた，大手小売企業の戦略やシステムの違いを理解しておく必要がある。

(4) 法律の変化

例えば，2006年施行の都市計画法の改正では，大規模集客施設を建てることができる地域が，第二種住居地域，準住居地域，近隣商業地域，商業地域，準工業地域，工業地域の6地域から近隣商業地域，商業地域の2地域に限定されたため，郊外にショッピングセンターを建設することが難しくなった。このため，小売企業は都市部へ出店できる業態に力を入れたり，ショッピングセンターの海外での出店に力を入れざるを得なくなっている。

酒類販売においても，1989年6月から酒類小売業免許の規制緩和が開始され，2001年1月の距離基準の廃止，2003年9月の人口基準の廃止，2006年8月末の緊急調整区域の撤廃により，原則として自由化された。他方，年間酒類販売数量は規制緩和が開始された1989年度に8,540千kl，1996年度は9,657千klまで増加したが，その後は規制緩和が本格化し酒類取扱店舗数が増加するなかで減少を続け，2008年度には8,518千klまで減少している（国税庁統計年報より）。このように酒類の需要は減少しているが，取り扱い小売店は大幅に増加したので，酒類メーカーとしては，販売先小売店を拡張する戦略を講じる必要がある。

このように法律の変化は，チャネル構成員に影響を及ぼすことが多いので，その変化を理解しておく必要がある。

4．消費財メーカーのチェーン小売業への活動内容と依存関係の変化を注視

消費財メーカーの営業活動は，卸売業や団体・企業など多分野に渡ると考えられるが，小売業を経て，流通する商品については，チェーン小売業との取引が最も重要になる。図表序-1からもわかるように，日本の小売業の販売額のうち，78％はチェーン小売業を経て販売されている。

また，通常，大手チェーン小売業に対しては，消費財メーカーが直接商談に訪れるので，チェーン小売業の本部及び主要店舗への営業活動がどのように変

化してきているのか，また，資源の依存関係の変化があるのかどうかについて，定期的にインタビュー調査あるいはアンケート調査をして確認する必要がある。このような調査研究もチャネル戦略研究には必要である。

5．消費財メーカーの消費者直販行動に注視

　消費財メーカーは，小売業を経て，販売している場合，小売業と競争関係になるような行為である消費者への直販は控えることが多かったが，今日では，消費財メーカーがむしろ積極的に消費者へ直販することが多くなってきている。

　グリコのアイスクリームの自販機「seventeen ice」や「オフィスグリコ」は有名であるが，その他にも，ロッテのネット通販やネスカフェアンバサダーなども直販の例である。この外にも，花王が，あぶらとり紙に付着した皮脂中のRNA（リボ核酸）から，目に見えない肌の状態を分析する技術を開発したので，2019年からは「自分の肌質に合わせて処方された世界でひとつの化粧品」を開発して，投入する予定である。しかも，これをネット通販商品にする可能性がある。つまり，ひとりひとりのための化粧品を作り，直販しようと考えている[3]。資生堂も，2018年3月から試験販売を始めている「Optune」は，利用者がスマホで撮影した肌画像を送信すると，自宅に設置した専用装置が温度や湿度も加味し，最適の美容液を抽出するというもので，配合パターンは約1000種類ある。月額数千円から利用できる。資生堂も化粧品のパーソナライゼーショ

図表序-1　チェーン小売業の小売販売額に占めるシェア

	RC	FC	VC	合計
2002年	47.5%	7.6%	4.8%	59.9%
2007年	54.7%	8.2%	5.8%	68.7%
2014年	67.1%	7.2%	4.4%	78.7%

（注）　RCは，レギュラー・チェーンの略。ここでは，10店舗以上所有している小売企業の販売額が小売総販売額に占める割合を算出して記載している。FCとVCについては，業態別統計編から算出。FCやVCの加盟店の中には，10店舗以上所有している小売企業もあると考えられるので，RC，FC，VCの合計は，多少，実際のシェアよりも多い可能性がある。

ン（個人対応）を急いでいる[4]。このように消費財メーカーの消費者への直販行動は，これから増加していく可能性が高い。

6. 小売業の集中度が高い国の消費財メーカーのチェーン小売業対応

　小売業の集中度は，国によって異なる。集中度が相対的に高いイギリス，オーストラリア，カナダなどでは，消費財メーカーはチェーン小売業とどのような取引をしているのか，それらの国での消費財メーカーのマーケティング行動は，日本の消費財メーカーのそれとは異なるのか，集中度の高低によって，国の法的規制（優越的地位の濫用規制のようなもの）は異なるのか，これらの研究はほとんどなされていない。これから小売業の集中度が高くなっていく日本にとって，このような視点からの研究は重要である。

第2節　チャネル戦略研究の意義

1. ネット通販時代にチャネル戦略研究の意義は低下しているのではないか

　アマゾン，楽天，ZOZOなど多くのネット通販企業が成長してきている。ただし，アマゾンは，アメリカで，ホールフーズ・マーケットを買収したり，アマゾン・ゴーと呼ばれているコンビニエンス・ストアのような小型店を出店しているようにネット通販だけでは小売業の販売額の一定割合以下しか取得できないので，実店舗に乗り出している。このように，ネット通販が成長しても，小売業がすべて消えるわけではなく，小売業の一定割合は生き残っていくので，消費財メーカーのチャネル戦略の重要性が低下するわけではない。
　むしろ，ネット通販というチャネルをいかに活用するかという問題もチャネル戦略の問題となる。どのプラットフォームを活用するのか？活用するプラッ

トフォームに出品するのか，あるいは出店するのか？自社でネット通販用のホームページを作って，消費者に自社で直販するのかどうか？などチャネル戦略の意思決定範囲は広がっている。

2. 消費財メーカーが流通業をコントロールできないのに，チャネル戦略研究をしても意味は無いのではないか

　かつてのチャネル戦略の中のチャネル管理では，卸売業や小売業をいかにコントロールするのかに関心が集まっていて，そのための理論や仮説が多く存在し，チャネル戦略の中心分野であった。しかし，現在，消費財メーカーがイオンやセブンイレブンやヤマダ電機をコントロールできると考える人はいないだろう。そのため，従来のチャネル戦略は，いかにして流通業者をコントロールするかについての議論だったのであるから，もはやチャネル戦略研究の意義はないと考える人もいるかもしれない。

　しかし，消費財メーカーとチェーン小売業との取引がある以上，何らかの関係は存在する。その関係を管理しようというのが現在のチャネル戦略の中心にあるように考える。「貸し借りの関係」「win-winの関係」「協力関係」「信頼関係」「資源の依存関係」など多様な関係が考えられる。このように考えると消費財メーカーとチェーン小売業との関係もいろいろとあることがわかる。消費財メーカーは，これらの関係をどのようにしていきたいのか，そのために何をどうするのか，それこそが消費財メーカーのチャネル戦略の中心部分となると考えられる。そういう意味からすれば，チャネル戦略は新しい局面を迎えているといえる。そのため，「チャネル管理」という用語を使わず，「チャネル調整」あるいは「関係性の管理」という用語を使うケースが増えていくと考えられる。また，流通業者を管理できなくなってきているのだから，チャネル管理という用語そのものが意味がなくなってきているとも言えよう。

　本書は，チャネル戦略研究をしたい人に対して，チャネル戦略研究とはどのような内容なのか，何がわかっていることなのか，何が今後の課題なのかを明らかにすることを目的としている。

そのために，チャネル戦略研究の現状と課題を整理したい。第Ⅰ部は，チャネル戦略研究ですでにわかっている知識を整理しておきたい。第Ⅱ部は，バイイング・パワー対応戦略について，述べてみたい。そして，終章でチャネル戦略研究の課題について述べる。今後，チャネル戦略研究をする研究者が出たときに参考になれば幸いである。

注記

1) 住谷　宏（2008）「チャネル・マネジメント」，上田隆穂・青木幸弘編『マーケティングを学ぶⅠ』中央経済社，183ページ。
2) 『日本経済新聞（夕刊）』2018年11月1日号，及び『日本経済新聞』2018年11月2日号。『日本経済新聞』2019年6月25日号。当初は，2022-25年をメドに併売にする計画だったが，2020年春に前倒しした。
3) 『日本経済新聞』2018年12月15日号。
4) 『日本経済新聞』2018年12月15日号。

第Ⅰ部
チャネル戦略の基本知識

第 1 章
チャネル戦略への導入

第 1 節　マーケティング・チャネルの概念

1. チャネルという用語について

　チャネルという用語は多様に表現され，その定義も論者によって異なっている。例えば，アメリカでは，marketing channel, trade channel, distribution channel, channel of distribution, 等が用語として用いられており，日本では，販売経路，流通経路，配給経路，マーケティング・チャネル，流通チャネル等の用語が使用されている。

　これらの用語が論者によって独特の意味で使用されていたり，時には定義がなく，あいまいに用いられている。このような状況であるから，用語の定義を整理しようとすると，かえって袋小路に入ってしまい，議論したいことになかなか到達しないこともある。しかし，チャネル戦略を論ずるにあたっては，ここでのマーケティング・チャネルの定義及びチャネル観を示す必要があると考える。

（1）　Bucklin の見解[1]

　そこで，まず，チャネルという用語の用いられ方や定義を歴史的に展望した

上でdistribution channelの定義をしているBucklinの見解を参考にした上で，日米のチャネルに関する幾人かの研究者の定義をみて，チャネルという用語の定義について検討していきたい。

　Bucklin（1996）によれば，チャネルという用語は，18世紀から19世紀の終わりまで，二国間の財のフローという意味で用いられたということである。そして，20世紀初頭より，実務家よりむしろ研究者の間でチャネルという用語が用いられるようになったと言っている。例えば，Butlerは，取引経路（trade channel）は財がメーカーから最終消費者まで通過する取引ルートのことであると述べ，チャネルの定義を試みている。その後，1922年にF. E. Clarkが，流通経路という用語は主として所有権移転のコースを意味すると主張し，経路にどの企業を含めるべきかを決める基礎を述べ，これがその後のチャネルの定義に大きな影響を与えていると述べている。その後，チャネルは所有権移転経路だけではなく，物的移転経路でもあるとか，注文や支払いの経路でもあるといった諸見解がでている。これらの議論は，チャネルにどの機関が含まれるかという問題と，チャネルの機能ないし役割は何かという問題がチャネルを定義する際に重要であることを示唆している。その後の議論やアメリカ・マーケティング協会の定義委員会の定義などを検討したのち，Bucklinは，流通経路とはある製品の所有権を生産から消費へ移転させる諸制度の集団であるというのがマーケティング学会の通説になったと述べている。しかし，Bucklinは商品それ自体の物的移動を含めないと流通経路の研究は満足できる解決を得ることができないと考え，流通経路はある製品およびその所有権を生産から消費まで移動させるために利用されるすべての活動を遂行する制度体の集合からなると定義している。

　チャネルという用語の意味が歴史的にどのように使われてきたのかということを理解するためにBucklinの見解は参考になる。次に，その後の研究者は，チャネルをどのように定義しているのかを日米の定義を比較することによって検討していく。

(2) 日米の研究者によるチャネルの主な定義

① 日本の研究者による主な定義

日本では，風呂勉（1968）の研究が，初めての本格的なチャネル研究の成果である。風呂は，「マーケティング・チャネルとは，個別マーケティング主体の操作対象として意味づけられた流通の継起的段階である」[2]と定義している。なお，著書のタイトルになった「マーケティング・チャネル行動」とは，「マーケティング主体である生産者と流通の継起的段階に介在する販売業者の相互作用およびそのダイナミックスのことである」[3]と述べている。

荒川祐吉（1974）は，販売経路（distribution channel）とは，「特定マーケティング主体の特定製品ないし商品の販売先の連環によって構成されるもの。通常，所有権の移転経路，すなわち取引連関経路を意味する。主体企業のマーケティング計画や戦略の対象としてみた場合，マーケティング・チャネルと称されることが多い」[4]と辞典に書いている。

その後，石井淳蔵（1983）は，「流通チャネル・システムとは，その取引活動が完全に市場にまかされるのではなく，ある特定の組織の意思の下に管理される傾向をもつ製品流通のシステム」[5]であるとし，陶山圭介・高橋秀雄（1991）は，「マーケティング・チャネル（ないし流通チャネル）は，製造業者，卸売業者，小売業者，その他の補助機関によって構成される組織間システムのことをいう。このマーケティング・チャネルは，特定のチャネル参加者によって他参加者が垂直統合ないしは系列化されることを通じて形成されるものである」[6]と述べている。さらに，高嶋克義（1994）は，「流通チャネルとは，製造業者から消費者にいたるまでの取引で結ばれる主体間関係の連鎖であり，製造業者がマーケティング上の目的をもって統制するとき，それはとくにマーケティング・チャネル（または単にチャネル）と呼ばれる」[7]と述べている。

このように風呂のマーケティング・チャネルの定義は，影響があり，ある意味，日本独特の定義になっていると言える。特に，90年代に入ってからは，極端な定義になっていると言えよう。

② アメリカの研究者による主な定義

アメリカの著名なチャネル研究者であるMallen, B.（1977）は,「マーケティング・チャネルとは,ある製品の流通に関して,所有権の移転と交渉に関する活動,製品の物的移動と保管に関する活動,コミュニケーション,金融,危険負担などの助成的活動,という3つの活動を遂行する企業の連鎖」[8]であると述べている。この3つの活動というのは,Clark, F. E. and C. P. Clark（1922）の主張する流通機能分類の3つの機能であり,彼はこの3つの機能を遂行する企業の連鎖を,マクロ的に見れば流通経路であり,ある製品だけについて見れば（ミクロ的に見れば）,マーケティング・チャネルだと主張しているのである。これは,マーケティング・チャネルと流通経路を識別する基本的考え方だと考えられる。

Rosenbloom, B.（1978）は,「マーケティング・チャネルとは,流通目標を達成するために企業が操作している外的接触組織である」[9]と定義している。この本は,チャネル・マネジメントを論じているので,メーカーの立場からチャネルを捉えているという特徴がある。このような発想の定義は,Hardy, K. G. and A. J. Magrath（1988）にも見られる。彼らは,「流通チャネルとは,製品の製造業者やサービスの販売業者からその最終消費者あるいは使用者までの市場拡張の道である」[10]と定義している。

しかし,このようなマネジメントの視点からの定義が必ずしも多いわけでもない。Bagozzi, R. P.（1986）は,「流通チャネルとは,生産者から消費者への製品のフローに関係する一群の人々および組織である」[11]と定義している。チャネル研究の第一人者であるStern and El-Ansary（2006）は,「マーケティング・チャネルとは,商品やサービスを使用あるいは消費できるようにするための過程に含まれる一連の相互に依存する組織である」[12]と定義している。この定義が最も一般的で広く支持されていると思われる。なぜなら,世界的に読まれているKotler, P.（2000）でもマーケティング・チャネルの定義は,Stern and El-Ansaryの定義を引用し,それに従っているからである。

(3) チャネルの定義について検討する諸点

これらのチャネルの定義を比較検討することによって，マーケティング・チャネルの概念を明確にしようと考えると次の3点について考察する必要がある。

① 視点：マクロかミクロか

ここで問題にするのは，マーケティング・チャネルである。個々の企業のマーケティング活動をマクロの視点からみるという考え方も成り立つが，マーケティングを個々の企業の市場に対する諸活動であると考えると，マーケティング・チャネルも個々の企業がそれぞれのマーケティング目標を達成しようとするために，市場に対して行う諸活動の一環としてとらえるべきである。そのため，マーケティング・チャネルは，ミクロの視点からとらえることにする。チャネルをマクロの視点からとらえたものが流通経路である。そのため，化粧品の流通経路，資生堂化粧品のマーケティング・チャネルという使い方をしていく。

② 日本の独特の定義に関して

日本のマーケティング・チャネルという定義は，実に独特である。既述の通り，「個別マーケティング主体の操作対象として意味づけられた流通の継起的段階」(風呂勉 (1968)) と表現されたり，「主体企業のマーケティング計画や戦略の対象としてみた場合，マーケティング・チャネルと称されることが多い」(荒川祐吉 (1974)) と表現されていたものが，「特定のチャネル参加者によって他参加者が垂直統合ないしは系列化されることを通じて形成される」(陶山計介・高橋秀男編著 (1990)) とか「製造業者がマーケティング上の目的をもって統制するとき，・・・」(高嶋克義 (1994)) と表現されるようになってきている。

マーケティング・チャネルの定義が，極端になってきているのである。「操作対象として意味づけられた」とか「マーケティング戦略の対象として見た場合」という表現は，チャネルの捉え方・見方の1つを示しているので，ある意味では柔らかい表現である。

しかし，「垂直統合ないしは系列化されることを通じて形成される」とか「統制するとき」となると，ずいぶんと極端であり，現実のチャネルのそれぞれの

どれがマーケティング・チャネルで，どれがそうではないのか，その識別が客観的につくのかどうか疑問である。また，このような定義をしてしまうと，大手小売企業を消費財メーカーがコントロールできない現代では，チャネル戦略研究そのものができなくなるのではないだろうか。

　個々の消費財メーカーは，マーケティング目標を達成するために市場に対して様々な活動を行っている。卸売業者や小売業者に対しても自社商品を優先的に取り扱ってもらおうとして様々な活動をしている。しかし，消費財メーカーが卸売業者や小売業者を内部組織のように「統制」している例を具体的に指摘するのは非常に難しい。自動車メーカーと自動車ディーラーの間は，もしかしたら統制していると言えるかもしれないが，それ以外であるのだろうか？家電メーカーが系列の小売チェーンを統制しているとしても，総合スーパーや家電量販店を統制していると言う人はいないはずである。そうするとパナソニックのマーケティング・チャネルという表現はできないのではないか？

　メーカーが，たとえ流通業者を統制しようとしても統制できるとは限らない。また，メーカーによっては，流通業者を統制しようと考えていない企業もある。したがって，メーカーが統制しているものがマーケティング・チャネルであるという定義はとても現実的とはいえない。つまり，個別企業のマーケティング・チャネルといってもいろいろとあるのであって，必ずしも消費財メーカーなどのチャネル・リーダーによって管理されているものと限定する必要はない。むしろ，個別企業の特定の製品の流通をマーケティング・チャネルと呼ぶほうが現実的である。個別企業によっては，直接消費者や最終使用者に販売する企業もあるだろうし，流通業者を統制しようと努力している企業もあるだろうし，実際に統制している企業もあるだろうし，流通業者の統制など考えていない企業もあると思う。それらの個々の企業の特定の製品の流通をマーケティング・チャネルとここでは呼ぶ。

③　所有権移転に限定するのか

　例えば，マーケティング・チャネルを，特定企業の特定製品の所有権の移転経路であると定義し，流通経路をその製品の所有権移転経路をマクロ的視点か

らとらえたものであると定義する場合がある。この定義の良さは，明確な点にある。しかし，所有権の移転だけで，物的移転や情報の移転や決済の流れなどはマーケティング・チャネルに含まないのかと疑問が出てくる。

確かに，所有権の移転経路がチャネルの本質的性格である。しかし，チャネルは個別企業のマーケティング目標を達成しようと工夫すればするほど，ターゲットとしている顧客層にいかに満足してもらうかを考えざるを得なくなる。ターゲットのニーズを分析し，彼らの求める品揃え，数量，価格，品質，決済方法，買いたい時間に買えるようにすること，彼らの求める購買時点での雰囲気なども考慮する必要が出てくる。電子マネーでの決済が所有権移転をスムーズにするのであれば，購買時点で電子マネーを使えるようにしないといけない。そのためには，電子マネー会社の協力・参加が必要となる。

彼らが購入できるように，購入場所に製品が配送されていて，店頭に並んでいることも必要である。そうなるとマーケティング・チャネルには，物流業者やクレジットカード会社も入っていると理解すべきである。マーケティング・チャネルが設定されるのは，ターゲットのニーズを満たすためなのである。

チャネル・リーダーが，流通業者を統制したいと考える時にも，マーケティング目標を効率よく達成するためと考える企業もあるだろうが，ターゲットのニーズをよりよく満たし，顧客満足を得るためと考える企業もあるのである。むしろ，マーケティング・チャネルはターゲットの顧客満足を得ることを最優先されてデザインされるべきなのである。そのため，マーケティング・チャネルを所有権の移転経路と限定することはできない。

2．マーケティング・チャネルの定義

マーケティング・チャネルをここでは，Stern and El-Ansarye等（2006）の「商品やサービスを使用あるいは消費できるようにするための過程に含まれる一連の相互に依存する組織である」という定義を踏襲する。この定義の特徴は，「相互に依存する組織」という点である。マーケティング・チャネルは，チャネル・メンバーが相互に他の組織の資源に依存しているのが最も大きな特徴である。

そのために，チャネル・メンバーの間には常に協調とコンフリクトが同時に存在している。時には，お互いの販売効率向上，コスト削減，顧客満足の向上などのために協調し，同時にその果実の配分や現実認識の相違，役割に関する認識の不一致などによって常にコンフリクトが発生しやすい。そのために，チャネル・リーダーは，コンフリクトの大きさを一定以下にしながら，全体最適に近付くように目標を明確にし，チャネル・メンバーが協調するように調整する必要がある。チャネル・リーダー（あるいはチャネル・キャプテン）とは，この製品やサービスのチャネルの仕事に最も熱心で，興味を持っている組織であり，チャネルを作り上げ，維持するのを重要なものと考え，優先的に活動する組織である。また，重要なチャネル・メンバーは，製造業者，中間業者（卸売業者，小売業者，専門中間業者），最終需要者（産業用需要者，最終消費者）である。

なお，この定義によれば，チャネル・メンバーは所有権移転経路の組織だけではなく，物流，情報の移転，決済などのフローの経路構成員もチャネル・メンバーに含まれる。これを専門中間業者（専門化した中間業者）と呼ぶことがある。特定のフローの遂行に専念している業者であり，金融業者，クレジットカード会社，広告代理店，物流業者，市場調査会社などが含まれる。これらは，物流，所有権移転，プロモーション，交渉，金融，危険負担，注文，支払という8つのフローのどれかを専門に担当するものである[13]。

また，流通経路は，ある製品のマーケティング・チャネルをマクロの視点から捉えたものとする。流通チャネルは，文脈によって，マーケティング・チャネルの意味で用いられたり，流通経路の意味で用いられているので，その両方の意味を併せ持っていると考えている。以上のように用語の定義をする。以下では，マーケティング・チャネルのことについて議論していくので，マーケティング・チャネルを，チャネルと略して用いることにする。そのため，チャネル戦略とは，マーケティング・チャネル戦略のことである。

第2節　マーケティング・チャネルの役割

チャネルは、どのような役割を果たしているのか。ここでは5つの役割を果たしていると考えている。

(1) 所有権の移転

チャネルの語源は、ラテン語のcanalだといわれている。canalは水路を意味しているが、チャネルは所有権の移転経路を意味する。そのため、チャネルの本質的役割は、所有権の移転にある。

(2) 情報収集

チャネルは、メーカーにとって、各種情報の収集経路でもある。多くの消費財メーカーが、特約店や代理店と呼ばれる卸売業者から、販売データ（あるいは出荷データ）をオンラインで収集している。もちろん、有料である。これによって、いつ、何が、どこに、何円で、何個販売されたか、その時の担当営業マンは誰かという情報をメーカーが所有するようになった。そのため、メーカーの卸売業に対する活動も変化した。この点については、卸売業に対するメーカーの活動を紹介するところで詳述する（第5章第3節参照）。

その他に、取引先の卸売業者や小売業者から、競合メーカーの情報を収集したり、自社商品に対する消費者の苦情・意見を収集したり、時には、小売業者のPOSデータの一部を購入したり、データ分析を依頼されてPOSデータを借りたりすることなどがある。

(3) 情報提供

チャネルを通じて、メーカーが消費者に伝えたい情報を提供することも多い。

メーカーが作成して、卸売業者に提供するポスター、ステッカー、POPなどが、卸売業の倉庫の空きスペースなどに多く置かれている。メーカーからすれば、そのような販促道具は商談の際に、話題にできるし、その販促道具が小

売店頭に表示されれば，メーカーの情報が小売業を通じて，消費者に伝わる可能性があるのだが，卸売業からすれば面倒な活動であること，また，小売業によっては，メーカーが制作したそのような販促グッズは店頭に置かないという主義のところもあるので，難しいところである。かつて，トイレタリーメーカー数社に取材した時には，小売店頭への到達率は3～4割くらいだと述べていた。

その他，メーカーの小売店頭での実演販売，推奨販売などがあり，また，小売の据付サービスも商品によってはなくてはならないものの1つである。

(4) 物　流

物的移転経路もチャネルの役割りの1つであった。所有権移転経路と物的移転経路が同じものを商物一致といい，所有権移転経路と物的移転経路が異なる場合を商物分離と呼んでいる。

多品種少量生産が進み，多くの品目を在庫しないといけなくなると，倉庫を集約したほうが効率が良くなり，納品欠品を防ぐことができる。そのため，近年，商物分離が進展している。

(5) 決　済

チャネルは，代金回収の経路でもある。この決済の役割があるので，全国の中小小売商の信用状態にメーカーは通じていないので，卸売業を介在させているという説明の仕方もある。

また，メーカーと卸売業，あるいは卸売業と小売業との支払いサイトは短縮化の傾向にある。

第3節　チャネル戦略の意思決定領域

チャネルの定義をし，その役割を明らかにしたが，まだ，チャネル戦略についての内容が不明である。そこで，ここでは，アメリカの3人のマーケティング学者のチャネル戦略についての記述を簡単に振り返り，その上で，チャネル・

マネジメントの研究者の考え方を簡単に整理することによって，チャネル戦略の内容を明らかにしたい。

1．3人のマーケティング学者のチャネル戦略についての考え方

　ここでは，最初に，McCarthy，Bagozzi，Kotlerという著名なマーケティング学者の代表的著書に書かれているチャネル戦略の内容を考察し，それぞれの著者のチャネル戦略の記述内容の特徴について，簡単に述べる。

（1）　McCarthyのチャネル戦略[14]の特徴

　McCarthyの『ベーシック・マーケティング［第6版］』（1978年）に記述されているチャネル戦略の内容は，チャネルの開発と市場露出の方針を中心に述べているという特徴がある。チャネル論研究も進んでいない状況であるから，問題の中心は，チャネル・デザインにあったのである。そのため，チャネル・メンバーの協力を得るための戦略については，ほとんど述べられていない。

（2）　Bagozziのチャネル戦略[15]の特徴

　Bagozziの1986年の著書に記述されているチャネルに関する意思決定の章の内容を読むと，第一に指摘されるのは，チャネル戦略の目的として，しばしば組織によって与えられる売上高，利益高，シェアのような成果指標の達成と，ターゲットとする顧客満足の両方をあげている点である。どちらか一方を指摘している研究者が多いだけに特徴として指摘できよう。ただ，論調としては，前者のほうを意識しているようで，後者のためには市場カバレッジを問題にしているに過ぎない。

　第二に，チャネル管理の分野について言及している点である。McCarthyは，チャネル管理について特に言及していなかったので，これは大きな変化である。つまり，McCarthyの著作とBagozziの著作との間にチャネル論研究が進んだために，チャネル管理について言及するのは当然になったのだと思う。そのため，動機付け，流通業者とメーカーの間で生ずるコンフリクトの分類，及び解

決するためのコンフリクト管理などの内容について論述している。ただし，これらの内容については，Bagozziのオリジナル性は見いだせない。

　第三に，チャネル管理の意思決定の中に，物流に関する意思決定が含まれている点である。チャネルの中に物流フローが入るのは当然であるが，チャネル管理というと所有権移転フローの構成員の管理について詳しく述べるのが普通であって，物流については，そこでは述べないことが多いので，これはBagozziの論述の特徴の1つであると言えよう。

(3) Kotlerのチャネル戦略[16]の特徴

　Kotlerの2000年の著書では，チャネルの定義が，Stern and El-Ansaryの著書からの引用である。また，パワー・コンフリクトについても基本的にはStern and El-Ansaryの研究成果を参考にしている。さらに，チャネル・デザインの第1ステップが，「顧客が望むサービス水準の分析」というスタンスは戦略上重要であるが，これもStern and El-Ansaryの主張と同じである。このように，Kotlerのチャネル・マネジメントは，かなりStern and El-Ansaryに影響を受けていると言える。

　しかし，Kotler独自の主張もある。その1つは，チャネル・デザインの基準として，経済性基準，コントロール力基準（統制基準），適応性基準の3つを指摘している点である。なぜ，同業種のメーカーにもかかわらずチャネルが異なっているのかという疑問に対して，メーカーによってこの3つの基準の重視の仕方が異なるのだという主張は説明力があると思う。

　もう1つの独自の主張は，流通業者に対する動機付けは望ましくなく，パートナーシップの構築が望ましいと主張し，メーカーは社内に「流通業者リレーション・プランニング部門」を設置すべきだと説いている点である。大規模な小売企業との取引をどのようにしていったらよいかという消費財メーカーの悩みに対する1つの答えを提案しているのかもしれない。このKotlerの主張は，参考にすべきである。

2. Stern and El-Ansaryのチャネル戦略[17)]の意思決定領域

　3人のマーケティング学者のチャネル戦略についての記述は，それぞれの時代のチャネル戦略研究の成果が反映されているとみることもできる。ここでは，チャネル研究の第一人者であるsternの見解を見てみる。
　Sternは，チャネル・デザインと管理がチャネル・マネジャーの仕事だと的確に表現している。

（1）　チャネル・デザインの4つのステップ

　①　セグメンテーション
　市場セグメントごとにどのようなサービス・アウトプットを望んでいるのかを明らかにする。同時に，環境変化の特徴と制約条件を明らかにすることを意味している。なお，サービス・アウトプットは，ロットサイズ，アクセスの容易さ，待ち時間・配達時間，品揃えで考える。

　②　ポジショニング
　それぞれのセグメントに対する最適なチャネル・フローの成果を明らかにする。そして，そのフローを生み出す最適なチャネル構造を明らかにする。そのため，誰がチャネル・メンバーなのかを明らかにする，次に，チャネルのそれぞれの段階におけるチャネルパートナーを明らかにする。そして，チャネル・メンバーの数をどうするのかという方針を立てる。

　③　ターゲティング
　ターゲットにするセグメントを選ぶ。環境的制約，マネジメント上の制約，競合の動向を検討・考察した上でセグメントを選ぶ必要がある。
　環境的・競争的制約の中には，例えば，街づくり三法が郊外の大型SCの出店を困難にすることがチャネルデザインに影響を及ぼすのであるから法規制なども入る。

④ 新チャネルの構築あるいは既存チャネルの修正

既存チャネルの修正をする場合には，最適チャネル構造・成果と既存チャネルの構造・成果のギャップ分析をする必要がある。

ギャップは供給サイドと需要サイドの両方から考察・分析される。需要サイドからは，サービス・アウトプットが過剰（コストがかかりすぎている可能性がある。それは消費者が望んでいるよりも価格を上げているかもしれない）か過小（明らかに不満を持っているだろう）かを分析する。供給サイドからは，チャネル・フローごとにコストが適切かどうかを分析する。

ギャップ分析は，最終顧客が望んでいるサービス・アウトプットを実現しながらもコストダウンできないかを分析しているのである。

(2) チャネル運営

チャネルは，組織なので，各メンバーの目標，自立性，独立性をいかにうまく調整し，協同させていくかということが重要である。まず，調整のためにパワーを使う。

そのために，パワー資源を明らかにし，チャネル内のコンフリクトを明らかにし，コンフリクトを管理するためにパワーを行使する。目標は，チャネル調整である。チャネル・メンバーは，相互依存している。そのため，種々のコンフリクトが生じる。

チャネル運営の目標は，チャネル・メンバー間の調整にある。それには，主に2つあって，利害の調整（チャネル・メンバー間の利害調整）と行動の調整（チャネル・メンバー間の行動の範囲と責任の調整）である。

このようにスターンらは，チャネル・マネジメントとして，チャネル・デザインとチャネル運営をあげている。特に，目立っているのは，消費者がどのようなチャネル・アウトプットを望んでいるのかを明確にして，そこからチャネル・デザインが始まるという点である。マネジメントというと，企業の財務的目標（売上高，利益，シェアなど）の達成のためにどのようにするのかという意思決定になりがちであるが，スターンらは一貫して，消費者分析からスタートしているところが個性的である。

3. チャネル戦略の主な領域

　ここまでの検討で，数人の研究者は，チャネル・マネジメントについて論じている。そして，その内容はチャネル・デザインとチャネル管理あるいは調整の分野とチャネル評価であった。チャネル管理の分野については，Kotlerは，「チャネル・アレンジメント（channel arrangements）」という用語を使い，Mallenは「チャネル関係（channel relations）」[18]という用語をつかい，スターンらは「チャネル運営（channel implementation）」という用語を使っている。その内容は，比較的共通していて，チャネル・メンバーの協力を得るために調整（コントロールすることも含めて）することであった。

　従来から，日本では，「チャネル管理」という用語を使うことが多かった。確かに，流通業者を管理していた時代においては適切な用語であった。しかし，大手流通企業を管理できない現代においては，「チャネル管理」という用語は不適当であって，「チャネル調整」という方が望ましいと考えられる。もちろん，「関係性の管理」とも表現できるが，「チャネル調整」という用語の方が，素直な使い方になると考えれる。

　チャネル戦略とチャネル・マネジメントの相違については，統一のとれた見解はないかもしれないが，その議論している内容からみてほぼ同じ意味だと理解されるだろう。

　ここでは，チャネル・デザインやチャネル調整の方針を中心に考えていくので，チャネル戦略という用語を使い，その主な内容として，チャネル・デザイン，チャネル調整，チャネル評価を考えている。

注記

1) この項は，Bucklin, L. P. (1966), *A Theory of Distribution Channel Structure*, Univ. of California, pp.1-6に依拠している。
2) 風呂　勉（1968）『マーケティング・チャネル行動論』千倉書房, 25ページ。
3) 同上書, 13ページ。
4) 荒川祐吉（1982）「販売経路」，久保村隆祐・荒川祐吉編『商業辞典』同文舘出版, 235ページ。

5) 石井淳蔵（1983）『流通におけるパワーと対立』千倉書房，1ページ。
6) 陶山計介・高橋秀男編著（1990）『マーケティング・チャネル』中央経済社，1ページ。
7) 高嶋克義（1994）『マーケティング・チャネル組織論』千倉書房，1ページ。
8) Mallen, B. (1977), *Principles of Marketing Channel Management,* Lexington Books, p.4.
9) Rosenbloom, B. (1978), *Marketing Channels–A Management View–*, The Dryden Prell, p4.
10) Hardy, K. G. and A. J. Magrath (1988), *Marketing Channel Management*, Scott, Foresman and Company, p.2.
11) Bagozzi, R. P. (1986), *Principles of Marketing Management*, Science Research Associates Inc., p1.
12) Coughlan, A. T., E. Anderson, L. W. Stern and A. I. El-Ansary (2006), *Marketing Channels* (Seventh ed.), Prentice Hall, p.2.
13) この定義の特徴などに関する記述は，Coughlan, A. T., E. Anderson, L. W. Stern and A. I. El-Ansary (2001), *Marketing Channels* (6th ed.), Prentice Hall, chap.1に依拠している。また，ここで取り上げている8つのフローについては，Vaile, R. S., E. T. Grether and R. Cox (1952), *Marketing in the American Economy*, The Ronald Pressで議論されたものである。
14) McCarthy, E. J. (1978), *BaSic Marketing:A managerial approach* (6th ed.), RICHARD D. IRWIN, INC., chap.13.
15) Bagozzi, R. P. (1986), *op.cit.*, chap.14
16) Kotler, P. (2000), *Marketing Management (The Millennium Edition)*, Prentice Hall, chap.16.
17) Coughlan, A. T., E. Anderson, L. W. Stern and A. I. El-Ansary (2001), *op.cit.*, Chap1–9.
18) Mallen, B. (1977), *op.cit.*, chap. 6–8.

第2章
チャネル構築

　商品をターゲットに効率よくお届けするための所有権移転経路を決めることをチャネル・デザインと呼んでいる。ただ，風呂勉（1968）は，それをチャネル構築と表現している[1]。チャネル構築には，チャネルをデザインし，その後，営業マンが動いて，そのチャネルを作り上げるという意味合いがあって，優れた表現だと思う。そのため，ここでもチャネル構築という用語を章のタイトルにしている。

第1節　販売の地理的範囲の決定

　チャネル・デザインでもチャネル構築でも，その議論の中に，「販売の地理的範囲の決定」は出てこない。しかし，現実の営業活動の中では，与えられた目標を達成しようとしたら，まず，販売の地理的範囲を決めないといけない。そのため，本書では，これをチャネル構築の中に取り入れたいと考えている。
　例えば，任天堂の関連会社ポケモンは2018年5月30日に，人気ゲーム「ポケットモンスター」シリーズのニンテンドースイッチ向け最新ソフト2本を11月16日に世界で同時発売すると発表した。このように販売の地理的範囲が世界の場合もある。
　国内での販売に限定して考える場合，日本の10％市場で先行販売するという方法もあって，時々，そのような方法を採用するメーカーもある。日本の人

口の約10％というと九州7県の人口である。九州7県で約1,298万人で日本の人口の約10.2％である。そのため、例えば、トイレタリーメーカーなどは、九州でマーケティング活動を展開し、目標とするシェアを獲得したら、そこから北上するという例が多くある。

　もしも、ターゲットが主婦で、商品認知をした人の2％がその商品（加工食品）を購入し、その半分はリピーターになって、月に1個購入するというデータがあって、初年度に180万個販売するという目標が与えられていたら、販売地域はどのように決めるだろうか。

　東京都、神奈川県、千葉県、埼玉県の世帯数は約1530万世帯で、日本の世帯数の約30％である。この首都圏の世帯をターゲットにし、首都圏限定でテレビ広告を5,000GRP投下すると、だいたい商品は認知されるので、1,530万×2％＝30.6万個販売できる。30.6＋15.3×11＝198.9万個が年間販売量となる。つまり、初年度の販売の地理的範囲は首都圏の1都3県となる。もちろん、これを実現するためには、主婦が購入する場所（スーパー、コンビニ）に当該商品がきちんと陳列されていないといけない。これを実現するのが営業マンの仕事である。

　いきなり全国発売される商品も多くあるが、このように九州7県だけとか、首都圏だけといった具合に先行発売されることも珍しくないので、チャネル・デザインを決めるときに販売の地理的範囲を決めるという意思決定も含めて考えるのが合理的である。

第2節　チャネル・デザインの基準

　チャネル・デザインの基準として、風呂勉（1968）は、長短基準、広狭基準、開閉基準という3つの基準[2]を用いて、チャネル・デザインの方法を示している。ここでもそれを踏襲しながら進めていきたい。

1. 長　短

　最初は，長短である。メーカーが直接，消費者に販売するのが最も短いチャネルとなる。これには，インターネット販売，メーカーが直営店を設ける，訪問販売をする，ネット通販以外の通販をする，自販機を設置するなど様々な方法がある。次が，メーカーから，小売店への直販である。その次に，メーカーから卸売業に販売され，卸売業から小売業に販売され，小売業から消費者に販売されるチャネルである。現在のところ，消費財は，このチャネルでの販売量が最も多い。それから，一部だと考えられるが，卸二段階のチャネルがある。いわゆる特約店制度がある場合，特約店になれない卸売業者は，特約店から商品を仕入れて，小売業に販売するため，卸二段階になってしまうのである。このようなチャネルも日本では珍しくない。

　また，卸売業や小売業を経由して，消費者に販売する場合には，どのような卸売業や小売業で販売するかを考えないといけない。このような流通業者の選択基準まで考えるのがチャネル・デザインである。

　このチャネルの長短を考える時，アメリカでは，第一に直販を考えるべきだという意見が多い[3]。

（1）直販を望ましいと考える理由

①完全にコントロールしたいから。
②異なる目標を持つ流通業者と一緒に仕事をするのは厄介であるから。
③顧客の変化を敏感に察知して戦略を変えることが出来るから。
④ある技術サービスが必要なら，トレーニングをして，実施することが出来るから。
⑤流通業者はいろいろな商品を取り扱うので，特定の商品のために特別な努力はしないから。
⑥適切な流通業者がいなかったり，うまく協力できないから。

(2) 直販しない理由

また，直販しない場合の理由として，次の4項目が指摘されている[4]。

① 顧客が確立した購買パターンを持っている場合：ある業種の小売商が特定の卸売商から商品を仕入れている場合とか消費者が特定の小売商ないし特定の小売業態で商品を慣習的に購入している場合などが考えられる。

② 直販はかなりの先行投資を必要とする。

③ 流通業者が果たしている危険負担をメーカーが持てない場合：典型的なものは，卸売業が果たしている中小小売商の与信管理である。

④ 流通業者が低コストで機能を遂行している場合：日本の場合，大手卸売業が低コストで機能を遂行しているために，直販になりにくいという意見がある。

一般に，チャネルの長短は，最寄品は長く，買回品，専門品になるにつれて，短くなるといわれてきている。

2. 広　　狭

特定の販売エリアに設定される流通業者の数の多寡のことを，チャネルの広狭という。これと同じ意味で「市場カバレッジ」という用語も用いられている。チャネルの広狭をどのようにするかによって，次の3つのチャネル政策がある。

①　集約的チャネル政策

特定の販売地域でなるべく多くの流通業者に自社商品を取り扱ってもらうように努めること。同じような意味で開放的チャネル政策という用語がある。これは自社商品を取り扱いたいという流通業者にはすべてに取り扱わせるという方針である。集約的チャネル政策は，メーカーが能動的に自社商品を取り扱ってもらうように努力するという点で，受動的な開放的チャネル政策とは異なる。

②　選択的チャネル政策

特定の販売地域で流通業者をある基準で選択して，自社商品を取り扱っても

らうこと。例えば，セイコーのクレドールという高級腕時計は全国の750〜950店の小売店にだけ取り扱わせている。その選択基準は，(a) 年間仕入額600万円以上，(b) 専用ショーケースを設定すること，(c) 最低30品目以上のクレドールを陳列すること，となっている。

③ 排他的チャネル政策

特定の販売地域で1社だけの流通業者にしか自社商品を取り扱わせないこと。それだけに集約的チャネル政策や選択的チャネル政策よりもメーカーのコントロール力が強いのが特徴である。この排他的チャネル政策の例としては，自動車のディーラーがあげられる。トヨタ自動車は地域ごと車種ごとに1社のディーラーを決めて自動車販売をしている。他の自動車メーカーのディーラーは，そのメーカーの全製品を販売してもよいようになったので，地域ごとに複数のディーラーが存在している場合もある。その意味では，自動車のディーラーに排他的チャネル政策を採用しているのは，現在ではトヨタ自動車だけともいえる。ただし，これも今後，オープン・チャネルにするとすでに報道されている。

一般的に①は広いチャネル，②③は狭いチャネルといわれている。また，現実的には，選択的チャネル政策が採用されることが多い。その理由としては，次の5点を指摘することができる。

(a) 信用のないところには販売せずにすむ。
(b) 小さすぎる注文を出すところには販売しなくてもすむ。
(c) 役割を十分に遂行できないところに販売しなくてもすむ。
(d) 財務的に健全で，地域で尊敬されていて，製品や顧客に対する知識を持つ流通業者を選択することができる。
(e) 開放的チャネルや集約的チャネルよりもコントロールが強いし，流通業者との対立も少ない。

3. 開　　閉

　流通業者が複数のメーカー製品を取り扱う場合（併売）を「開いたチャネル」といい，流通業者が1メーカーの製品しか取り扱わない場合（専売）を「閉じたチャネル」という。そのため，専売店といえば，1メーカーの製品しか取り扱わない小売店のことを意味している。例えば，パナソニックのお店は，基本的にはパナソニックの専売店チェーンである。資生堂チェーン店は，他のメーカーの化粧品も取り扱っているのが普通なので，併売店チェーンとも表現できる。したがって，パナソニックのお店は閉じたチャネルであって，資生堂チェーン店は開いたチャネルである。また，同様に卸売業の資生堂ジャパンとか，花王カスタマーマーケティングという販社は，専売店（閉じたチャネル）である。

　これらの3つの基準を組み合わせると，「長くて，広くて，開いたチャネル」とか「短くて，狭くて，閉じたチャネル」という表現あるいは類型ができる。

第3節　チャネル・デザインでの重視点

　チャネル・デザインを考えるときに，メーカーとして次の3つのうち何を重視するのかによって結論は異なってくる[5]。

①　コントロール

　メーカーの戦略を徹底するためには，流通業者に対するコントロール力が強いほうが望まれる。コントロールしやすいのは，相対的に短いチャネル，狭いチャネル，閉じたチャネルである。

②　柔軟性

　いろいろな環境変化にも柔軟に対応できるようにしておくほうが望ましいとする考え方である。相対的に長くて，広くて，開いたチャネルの方が，柔軟性が高いと考えられている。また，柔軟性を高めるためにはチャネルの多様化（マ

ルチ・チャネル化）を進めることも必要である。たとえば，現在，百貨店全体の売上高は減少している。そのため，ナルミヤ・インターナショナルは，「百貨店からSCに予想をこえるスピードで客が流れている。百貨店で高級子供服を販売するだけでは成長は無理」[6]と判断し，07年9月から家族向け店舗である「ポール　フランク」（米　カジュアルブランド）をSC（ショッピングセンター）に出店し，3年後には50店にするという計画を発表している。ナルミヤ・インターナショナルは，百貨店だけに出店していたわけであるが，柔軟性を高めるという視点からは，SCや専門店ビルにも出店しておくというマルチ・チャネル化を進めるという選択肢もあったかと考えられる。

③　経済性

メーカーから見てのコストのことである。メーカーが販売会社を作ると大変なコストがかかるが，販社を作らず，卸売業者に販売してもらうとすれば，ほとんど初期費用はかからない。ただし，販社に対してはコントロール力があるが，卸売業に対しては特にコントロール力があるわけではない。そのため，①～③の何を重視するのかによってチャネル構築は異なってくる。

第4節　買物行動とチャネル・デザイン

商品によっては，どこにでも売っているようなものもあれば，わざわざ遠くまで購入にでかけないといけない商品もある。前者は，集約的チャネル政策を採用しているのであろうし，後者は排他的チャネル政策を採用しているのであろう。これらのことをメーカーの視点から考察してきたが，ここでは消費者の買物行動における探索性向の大小とチャネル・デザインとの関連について考えてみたい。

1. 探索性向[7]

　探索性向は，商品や店舗を探す努力の程度を意味する。そのため，一般的には，探索性向は商品の種類によって異なる。つまり，最寄品，買回品，専門品になるに従って探索性向は大きくなるといわれている。

　この探索性向を探索価値と探索費用で表現してみる。探索価値は，一定の予算でよりよいものを買えるほど，同じものをより少ない予算で購入できるほど大きい。また，探索費用は，探索のために生じる時間，交通費，駐車料，心理的・肉体的疲労などである。

　そのため，探索価値が探索費用よりも大きいならば，探索性向は大きくなる。探索性向を R，探索価値を V，探索費用を C とすれば，$R = V/C$ といえる。

2. 探索性向が大きくなる条件

　探索性向は次の3つの場合に大きくなる。

① 価格分散，品質分散が大きいほど・・・店によって同種ないし同一商品の価格や品質のバラツキが大きいほど探索性向は大きくなる。

② 購入頻度が低いほど・・・購入頻度が低いほど，内部情報の蓄積が少ないため，外部情報に頼ることになる。そのため，探索性向は大きくなる。

③ 知覚する危険が大きいほど・・・技術が複雑なほど，価格が高いほど，耐用年数が長いほど，知覚する危険が大きくなる傾向があり，それだけ探索性向は大きくなる。

3. 探索性向とチャネル・デザイン

　探索性向とチャネル・デザインの関係については，次の3点が言える。

① 探索性向が小さい商品ほど，カバレッジを広くする必要がある。・・・探索性向が小さいのであるから，できるだけ多くの店舗に商品を陳列する必要がある。そのため，長く，広いチャネルになりがちとなる。逆に，

探索性向が大きいと狭いチャネルを選択することもできる。
② 配荷率が低い商品の場合，配荷率を高める努力をしながら，メーカーは探索性向を大きくする工夫をすべきである。・・・その工夫としては，商品の技術を複雑にするとか差別化を強く訴求するようにすることである。
③ 配荷率が高いメーカーほど，探索性向を小さくすべきである。・・・そのためには，できるなら価格分散をなくすことである。店舗によって価格差がなければ消費者は最寄の店舗で商品を購入するので，配荷率が高いメーカーは有利となる。また，技術差があまりなく，どのメーカーの商品も大して技術的には異ならないという訴求をすることも1つの方法である。

第5節　チャネル構築に関する議論からの示唆

チャネル構築に関する議論から，以下の3つの示唆があると考えられる。

① カバレッジが高いほど，露出が多いほど売上高は多くなる。

カバレッジが高いほど，消費者との接点が多いといえる。その消費者が持つ情報は不完全であるから，市場に出ているすべての商品のブランド，品質，価格を知っている訳ではない。そのため，カバレッジが高いほど商品は売れる可能性が高い。また，近年，消費者の時間価値は高くなってきているため，買物にかける時間も節約したいという傾向がある。そのため，同様にカバレッジが高いほうが売上高は多くなる傾向にある。Sternも「集約的販売は，短期的には売上高拡大につながる」[8]と述べている。

もちろん，すべての企業がカバレッジを高くして，販売額を増加させているわけではなく，逆に，カバレッジを低くして成功している企業もある。たとえば，それに該当する企業にアルビオンがある[9]。

1990年代，アルビオンは自社商品の取り扱い店舗数を拡大して，売上高を

増やすという営業であった。しかし，90年代の半ばから売上高は低迷していた。取引先の開拓をしても，販売支援体制が整わず既存店の売上高が減少し，新ブランドを投入してもブランド乱立で顧客に理解されず，業績は向上しなかった。

そこで，社長は「本物の高級品」を追及すると決断した。「ブランドを磨き上げる」「高級品にふさわしい店だけで販売する」と決断し，99年から取引先の絞込みを開始する。具体的には，1999年に当時の営業本部長小林章一（現在の社長）が，「今の3,400店を1,800店にして売り上げを倍にします」と宣言したのである。その当時から，「高級ブランドとしての希少性を高めるため，店舗と商品を絞る」という発想があったようだ。高級品を扱う店の条件として以下の3点を決めた。

ⓐ 顧客がゆったりと座れる椅子があること。
ⓑ 外の目を気にせずマッサージが受けられる場所があること。
ⓒ 店員は商品について熟知し，マッサージと丁寧な接客ができること（そのために，アルビオンの施設で泊り込みの研修を受ける）。

99年から取引先の絞込みを開始，それを実現するために，営業マンには，売上高の評価を半分にし，解約店目標を与えた。99年から販売店を減らし，約10年かかって1,800店に減らした。返品が増え，特損も出した。

しかし，販売する店が減ったので，その分，営業マンは店舗訪問の回数が増え，滞在時間も長くなった。それだけ丁寧な指導ができるようになった。そして，それぞれの地域でアルビオンを大切にしてくれる小売店とだけ取引をするように務めた。

その一方で，6〜7シリーズあったブランドを3つに絞った。「アルビオン」「エレガンス」「イグニス」の3ブランドだけにした。そして原料にこだわるようになった。独自に原料を栽培したり，契約農家を作ったりして，独自の原料を調達し，研究所を作り，品質の向上に努めた。その結果，「効果を実感できる品質と丁寧な接客」という魅力ができてきた。

その結果，2018年現在も，アルビオンはネット通販はせず，百貨店と専門店約1,500店のみで販売している。しかし，2016年度の売上高は，96年度比で2.6倍の630億円である。営業利益率は，23％で国内化粧品メーカーではNO.1で

ある。世界最大手のロレアルの18％をも上回る。取引先は「量販店と差別化でき，リピーター率も他ブランドを圧倒する」と評価が高く，併売店でも，今や半数以上でアルビオンの売上高が最大になっている。アルビオンは，売上高2億円以上の販売店を2016年度の11店舗から，2026年度には100店舗に増やす目標を持って活動している。基本的には，店舗をさらに絞込み，1店舗の売上高を増加させる方針である。

そこで専売店である「アトリエ　アルビオン」を提案している。白を基調とした店のコンセプトは「美を作り出すアトリエ」である。投資は，アルビオンと専門店で分担する。接客スペース，専用カウンターなどをアルビオンは提案している。そして，ブランドイメージの統一を図りたいとしている。この専売店を少しずつ増やしながら，2億円以上売る店を増やしていこうとしている。専売店なら，メーカーと共通の目標が立てやすいし，よりメーカーのコントロール力も増す。このようにカバレッジを低くして，販売額を増加させている企業もある。

　　② 　成長する小売商を識別し，成長するところとのパイプを太くせよ。

多くのメーカーは，常に，小売構造の変化に着目している。そして，成長する小売企業，成長する業態をいち早く識別し，自社の方針と著しく異ならないかぎり，その成長する小売企業ないし小売業態との取引を積極的に行うようにすることが売上高を増加させることになると理解している。そのため，多くのメーカーは，現在，成長が著しいネット通販とドラッグストアなどに注目している。

　　③ 　チャネルの長短，コスト，コントロールとの間の関係

チャネルが長いほど，メーカーにとってのコストは小さくなる傾向にあり，コントロール力は小さい。しかし，チャネルが短いほど，メーカーにとってのコストは大きくなる傾向にあり，コントロール力は大きい。そのため，チャネルの長短はとても重要な意思決定になる。

注記

1) 風呂 勉（1968）『マーケティング・チャネル行動論』千倉書房, 25ページ。
2) 同上書, 202-210ページ。
3) McCarthy, E. J. (1993), *BaSic Marketing : A managerial approach* (11th ed.), Richard D. Irwin, Inc., pp.318-319.
4) *Ibid.*, p.320.
5) Kotler, P. (2000), *Marketing Management (The Millennium Edition)*, Prentice Hall, chap.16.
6) 『日経流通新聞』2007年5月11日号。
7) 探索性向については，田村正紀（1980）「消費者の買物行動」，鈴木安昭・田村正紀『商業論』有斐閣, 110-112ページに依拠している。
8) Stern, Louis W. and Adel I. El-Ansary (1982), *Marketing Channels* (2nd ed.), p.226.
9) アルビオンの事例は，『日経MJ』2018年2月26日号及び2018年5月6日号と大塚英樹『「感動」に不況はない』（株）講談社, 2014年に依拠している。

第3章
チャネル調整とチャネル評価

　この章では，従来からのチャネル管理に関する研究成果を簡単に整理していく。そのことを通じて，チャネル戦略において，チャネル管理の時代は終わり，特に大手小売業との間の取引におけるチャネル調整は，関係性の管理にこれから向かわないといけないことを確認していきたい。

第1節　チャネル管理

1．動機付け

　動機付けは最も古くからあるチャネル管理手法の1つである。動機付けを提供することによって，流通業者がメーカーが期待する反応を引き起こすことが暗黙のうちに前提になっている。1950年代に「協同広告アローワンス」や「取引先やセールスマンに対するコンテスト」，「デモンストレーターの派遣」，「クーポン取り扱いに対するアローワンス」など，すでに35の動機付けの具体策が述べられている[1]。業界やメーカーによって，これこれらの具体策の内，幾つのものを提供していたかは異なると考えられる。

　小売経営の近代化とともに姿を消した動機付けもあろうし，新たに出現したものもあると思われる。動機付けは現在でも行われており，競争や法的規制に

よってその内容は変化するものの、今後も続けられると考えられる。ただ、動機付けは何度も同じものを継続的に提供すると刺激ではなくなるし、他のメーカーと比較可能な動機付けの具体策はそれ自体の競争となりがちである。そのため、常に新しいものが考案される傾向にあり、具体策の種類は増え続けるのである。例えば、卸売業に対する動機付けも、月間リベート（特定の1カ月間で卸売業の特定メーカー商品の仕入れ額が一定以上になったときに支払われる割戻金）やシーズンリベートあるいはコンテスト（全国の卸売業のうち特定の期間内にそのメーカー商品をどのくらい仕入れたかによって順位が決まり、その順位によって賞品が提供される）などが実施されてきている。

チェーン小売業との取引で、この動機付けが有効であろうか。動機付けは、刺激を与えれば相手が反応することを前提としているが、どのような動機付けをどのくらい与えれば、相手がどのように反応するのかが不明である。メーカー間の競争があるため、動機付け競争に陥るのであれば、なおさら反応は不確かである。また、動機付け競争はコストが嵩むことになる。動機付けについては、これらの諸点に留意する必要がある。

2. チャネル交渉の要因関連モデル[2]

動機付けをメーカーが提供する「誘因」と表現すると、この誘因だけでは流通業者を管理し続けれないという論理を展開し、「チャネル交渉の要因関連モデル」を展開している研究がある。

「チャネル管理問題の核心は、選択された販売業者と製造業者との1対1の相互作用関係に製造業者の操作性をいかに組み込むかにある」と述べられているように、メーカーは自己の目標を達成するために販売業者をコントロールしたいわけであるが、問題は販売業者が「独立の意思決定者であり、独自の行動準拠ワクを持つ」という点にある。それでは、販売業者があるメーカーにコントロールされたりされなかったりするのはなぜなのだろうか。この点については「チャネル交渉の要因関連モデル」で説明される。

メーカーは、販売業者に対して「誘因」（ブランドロイヤルティ、広告の強度、

マージン，リベート，その他の援助）を提供するとともに，販売業者から受け取る貢献に対する「期待」を持っている。販売業者が，その誘因と期待を評価することによって，彼の同調化性向が決まる。同調化性向は，期待利得／期待損失であるが，別の表現をすればそれは「相手方と同調したい欲求，または必要の強さ」を意味している。同調化性向が高ければ，販売業者のメーカーに対する交渉力は弱くなる。そして，その後の交渉で販売業者のメーカーに対する同調性水準が決まる。同調性水準は忠実性と同意語と理解される。「販売業者が高い同調化性向を持てば製造業者に対する高い同調性水準に合意しなければならず・・・・」と述べているように，メーカーが販売業者をコントロールするためには，高い同調化性向を持ってもらうことが重要となる。誘因は同調化性向に正比例し，期待は逆比例するのであるから，販売業者をコントロールするためには誘因を大きくし，期待を小さくすればよいことになる。しかし，期待を実現するためにコントロールしようとするのであるから，期待を小さくすることはできにくい。そうなると，販売業者をコントロールするためには，誘因を大きくすることが重要となる。

　販売業者を選択し，かれに大きな誘因を提供すれば操作しやすくなるだろうが，提供された誘因を利用して販売業者が成長し，力を持ってくることも考えられる。この点に付いては「製造業者は有能な販売業者をチャネル構築し，その販売業者をより一層有能な販売業者に仕立てなければならない。しかし，このことは，かれのこの販売業者への依存を高め，この販売業者のかれへの交渉力を高めるとともに，この販売業者に対するかれの交渉力を弱めることになる。これが製造業者のパラドックスである」と述べている。そして，「製造業者にとって残された方法は，販売業者のかれに対する仕入れ依存度を高めることである」と主張している。

　結局，この論理は，独立した意思決定者である販売業者を操作し続けることは困難であるから，操作し続けるためには専売店（閉チャネル）にするしかないと主張しているように考えられる。そのため，「チャネルの長短，広狭政策がチャネル管理のいわば扉であり，前提条件であるとすれば，開閉政策こそ，その実質的内容をなすものといえる」と述べたり，「閉チャネルを構築するこ

とがチャネル管理の核心をなす」と，主張しているのである。

　この主張の背後には，取引相手への依存度が交渉力を規定するという考え方が存在している。確かに，あるメーカーの製品だけを販売する小売商や卸売商はメーカーの提供する誘因の程度と制裁によってその業績を左右されるようになるので，当該メーカーに完全にコントロールされるようになる。そのため，専売店制や販社制はメーカーにとって流通業者をコントロールする有効な手法となる。流通系列化の中で，専売店制や販社制を採用しているメーカーにとって，この理論はその政策の妥当性に理論的根拠を提供しているといえそうである。

　しかし，ここまでの議論で分かるように，このモデルは巨大小売業の登場を想定していないし，特に幅広い品揃えをするチェーン小売業との取引を想定していない。メーカーの立場からすれば，巨大スーパーやCVSチェーンを閉チャネルにすることは当然できないので，現代のメーカーが抱えている営業上の問題を解決するようには導かない。

3. パワー・コンフリクトモデル

　多くのメーカーは販社制も専売店制も採用していない。そのようなメーカーは，流通業者を長期間にわたってコントロールすることを結局あきらめなければならないのだろうか。この疑問に答えてくれそうなのがパワー・コンフリクトモデルに基づく研究である。

　パワーとは「あるチャネル構成員が他のチャネル構成員の意思決定に影響を与える能力」[3]を意味しており，コンフリクトとは「あるチャネル構成員が彼の目標達成を他のチャネル構成員が妨げていると知覚している状態」[4]であり，パワー資源とはパワーを生み出す源とかパワーの働きを決定しているものを意味している。このパワー資源とパワーとコンフリクト等の因果関係を示しているものがパワー・コンフリクトモデルである。

　このパワー・コンフリクトモデルに基づいた実証研究は極めて多く存在する。研究視点も様々である。その中の1つの視点としては，例えば，メーカーが他

のチャネル構成員である流通業者をコントロールするためには流通業者に対してパワーを持てればよいことになり，そのため，パワーを持つためにはどのようなパワー資源を充実させればよいのかという研究がされた。この視点からの研究では，チャネル・システム論からの研究成果が注目される。ここでは石井の研究成果を見てみる[5]。

チャネル・システム論研究の特徴の1つは，様々な調査データを利用して，実証的・経験的研究が行われたということでり，各々の実証研究でさまざまな仮説が検証されている。しかし，それらはいずれもある特定の業界での実証研究の成果であるから，特殊研究の域を出ていないのかもしれない。そのため，ガスキがそれらの部分的研究成果をまとめたところ，ある研究では要因間にプラスの因果関係が実証されているのに他の研究ではマイナスの因果関係が実証されているということか少なくないことが明らかになっている[6]。

石井の研究もいわゆるパワー・コンフリクトモデルに従ったものであるが，従来のアドホックな研究を一般化しようとした点に特徴がある。

研究成果を一般化するためにはそれなりの工夫が必要となるが，その工夫は，主として，チャネル・システムのとらえ方にある。

第1に，チャネル・システムをオープン・システムとしてとらえている。つまり，チャネル・システムを環境の変化に伴ってその特徴を変化させるシステムと考えているのである。

第2に，チャネル・システムを，情報処理の1つの単位としてとらえている。こうとらえることによって，チャネル・システムにおける「パワーの発生，対立の発生と制御，それらに影響を与える環境という一般的な概念枠組みを「情報」という視点から統一的に説明しようとすること」が可能となってくる。

つまり，この研究においては環境と情報処理がキーワードなのである。そして，環境から環境不確実性（タスクを遂行するのに必要な情報量と，組織がすでに保有している情報量あるいは組織のもつ情報処理能力との間の差分）という概念に注目する。組織のもつ情報処理能力とは組織が保有する情報量（任意の時点の知識量と組織が保有する情報チャネルの多様性）のことである。

これらの視点と概念から仮説が構築され，実証研究が行われ，その結果，「組

織が不確実性対処のための加工情報を切り札のパワー資源として利用することによって他組織を統制しながら，発生した対立を制御し解決するというプロセスが支配的である」ことを発見する。

つまり，「環境が不確実な状態になったときにリーダーとしてシステムの他の組織の行動を統制するためのもっとも有効な方法は，情報処理能力というパワー資源を充実させ，それによって環境の不確実性の吸収を行うことである」というのが結論である。

したがって，現代の環境が不確実な状態であるなら，チャネル・リーダーは，保有する情報量を多くし，将来に必要な情報を獲得する可能性を高くするために情報チャネルを多様化させて情報処理能力を強化することによって，チャネル構成員である販売業者をコントロールすることができるのかもしれない。また，環境が不確実な状態でないとしたら，市場の異質性と不安定性を高め，環境を不確実な状態にする必要がある。

このようなパワー・コンフリクトモデルに基づく研究は，今や古典的研究のように見られている。そこには，メーカーが流通業者をコントロールできるという前提の下にパワー・コンフリクトモデルに基づく研究があったが，今や，メーカーが大規模小売企業をコントロールできないのだから，コントロールをするためにどのようなパワー資源を充実させるかという研究は有効性が低いという認識がある。

4. 仕入れ依存度（依存度モデル）

流通業者の立場からの考え方に「仕入れ依存度＝あるメーカーの商品の仕入れ額／仕入れ総額」がある。流通業者ＡのＢメーカーに対する仕入れ依存度が大きくなればなるほど，ＢメーカーのＡに対するコントロール力（パワー）は大きくなるという考え方である。メーカーの立場から見たら，販売依存度になる。つまり，「販売依存度＝АメーカーのＢチェーンに対する販売額／Аメーカーの総販売額」というものである。これまで，販売依存度が10％を超えるとパワー関係が生じる[7]と言われていたり，15％以上だとパワー関係が生ずる[8]

と言われている。この販売依存度の考え方は，チェーン小売業との取引において参考になる。

5. 資源依存モデル

　資源依存モデルは，多様な資源の依存関係からパワー形成を説明しようとするものである。このモデルの趣旨は，重要な資源をより多く保有している組織が，その資源の提供をコントロールすることによって，その資源に依存する他の組織をコントロールする潜在能力を持つことができるというものである。この考え方をメーカーと流通業者との関係に適用すると「チャネル・システムにおけるパワーの関係は，消費者補足力の強化された製品・付加的誘因・卓越した顧客吸引力の3つの主要な資源に関する依存のいかんによって規定される」[9]ということになる。そのため，メーカーは流通業者に提供する付加的誘因のレベルを変えることによって，流通業者のそれへの依存の程度を変えることができるため，流通業者をコントロールできる可能性がある。ここで問題となるのは，メーカーの資源が何か，流通業者の資源が何かという議論が十分でない所だろうと思う。マーケティング・チャネルの特質を考えるとこのモデルも，取引関係にヒントを提供しているのかもしれない。特に，資源の相互依存関係には注目する必要がある。

6. 依存とパワーの関係

　既述したチャネル管理研究で，最初に確認しなければいけないのは，なぜ，パワー資源がパワーに結び付くのかという点である。パワー資源の有無あるいはその強度はチャネル構成員の知覚によって測定されている。しかし，Bという卸売業がAというメーカーに報酬パワー資源があると知覚したからといって，ただちにAがBにパワーを持つ訳ではない。この点は，既述した資源依存モデルで若干説明されているのだが，BがAの持つ報酬パー資源に「依存」すると，AはBにパワーを持つのである。したがって，「依存」が重要なのである。

この「依存」は，広辞苑によれば「ある物の存在ないし性質が他の物によって規定され，条件づけられる関係」という意味である。そのため，B卸売業の営業利益がでるかどうかがAメーカーからの追加的リベートの提供に依存するような状態であれば，AはBに対してパワーを持つようになる。

つまり，「パワーはあるチャネル構成員が他の構成員に依存する程度とみることができる」[10]といわれるように，AがBに依存するほど，BはAに対してパワーを持つ。また，「Aが望んでいて，他から得られない資源をBが持つほど，また，Aにとって重要な不確実性をBがうまく処理したり，軽減するほどAはBに依存し，BはAに対してパワーを持つ」[11]といわれている。

したがって，「依存」とパワーの強さについては，次のようにいうことができる。①依存する資源が依存される側にとって重要であるほど相手に与えるパワーは強くなる。②依存する資源の代替性が不完全であるほど相手に与えるパワーは強くなる。

7．IBCM説[12]

「代替制を不完全なように依存させる」という考え方と異なるもののIBCM説も参考になる。

かつては成長する小売商をいち早く識別し（identify the winner），それを管理（manage the winner）すればよかったのだが，小売商の大規模化とともに，成長する小売商をいち早く識別し，そこを支援し（backup the winner），取引相手をとりこにする（capture the winner），そしてその後で管理することが必要であるというのがIBCM説である。支援内容は競争企業と自社の経営資源を考慮して，差別化できる支援に焦点を絞って継続的に行うことが必要となる。その継続的支援の中でお互いの企業文化を共有することによって，信頼感が芽生え，そのために取引相手をとりこにすることができるようになるのではないかと解釈できる。この説は，非常に現実的なので紹介しておきたい。ただ，取引相手をとりこにできるかどうかはわからない。

8. 営業資源の価値モデル[13]

　メーカーが大手小売業を管理することができなくなったので，両者間の協調関係に注目する研究も出てきている。その1つが新制度派アプローチによるチャネルの協調的関係の研究である。

　パワー・コンフリクト論では，協調的関係を積極的に取り上げるのではなく，コンフリクトを一定以下にしておくことが協調的関係であるとみなしていたと考えられる。新制度派アプローチによるチャネル研究ではチャネルの協調的関係を積極的にとりあげている。主に「取引主体の機会主義的行動の抑制」を研究していると考えられる。

　その考え方に基づく1つの実証研究が，営業資源の価値モデルについての実証研究である。この研究では，以下のような4つのキーワードが出ていて，それぞれに意味が明確にある。

▶組織コミットメント（組織員の所属組織に対する帰属意識の程度）
▶革新志向性（新しいアイディアや提案を積極的に模索する程度）
▶営業資源（典型的な特殊な資産の一形態）
▶長期志向的（取引主体がある取引先との関係から得られうる長期的便益を考慮し，喜んで短期的利益を犠牲にしようとする意図）

図表3-1　営業資源の価値モデル

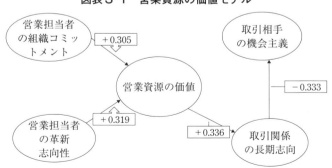

（出典）　渡辺達朗・久保知一・原頼利編『流通チャネル論』2011年，117ページ。

実証研究の結果，これらの主な概念間の因果関係は以下の3つの通りであった。
① 営業マンの組織コミットメントと革新志向性が高いほど，小売企業の人は営業資源の価値が高いと知覚する。
② 営業資源の価値が高いと知覚すると取引関係は長期志向的になり，それは機会主義的行動の可能性を低くする。
③ したがって，消費財メーカーは，チェーン小売企業担当の営業マンの組織コミットメントと革新志向性を高めるように教育することや工夫をすることが，間接的にバイイング・パワー抑制策となることが期待される。

この営業資源の価値モデルは，新制度派アプローチによるチャネルの協調的関係の研究の紹介だけではなく，それを応用して実証研究したところに価値がある。ただ，その結果は，比較的平凡な結論であり，特に目新しい内容ではない。ただ，メーカーからすれば，他の企業よりも広域営業本部に所属する営業マンの教育をさらに充実させたり，情報を開発する部署を設けたりすることが重要であることが再確認されると思う。

9. チャネル管理論から示唆される事

チャネル管理や調整に関するいろいろな考え方や理論を学んできた。それらによって示唆されることをここでは整理しておきたい。
1) 取引先をコントロールしたければ，代替性が不完全になるように依存させることが重要である。なお，ここでいう「依存」とは量的依存と質的依存の両方を意味している。その具体策は以下の通りである。
① 仕組み作り：販社制を作る。専売店制を作る。または，法的に縛る。例えば，FC契約によって，仕入先を法的に特定化させることも可能である。
② 継続性：例えばRS（Retail Support）メニューの一部を継続的に提供したり，バイヤーが求めている情報を継続的に提供し，質的に依存させること。そのため，メーカーにはデータ分析力や情報開発力や最新の科学情報の入手などが求められる。質的に依存させながら，相手の考え方，経営戦略，

組織，システム，言葉，文化を理解し，共有することによって，代替性をさらに不完全にする。
③ 埋没原価型：何らかの専用システムに出資することによって，その関係が切れなくしてしまうようにする。例えば，小売業の専用センターを作るときには，この先数年間は取引を継続するという契約をするのが通例になっている。

①が可能であるのなら，①を考えることになる。それが不可能なら，②を考えることになる。③は各企業の判断による。

2） 販売先に対して優位に立つためには，情報処理能力を高めること。

情報は相手に提供したとたんに価値を失うので，常に情報収集と開発を行わなければならない。現在までに，積極的に情報システムに投資してきた企業が優位に立っていることは否定できない。売手は常に買手に対して情報格差を持っていることが交渉を有利に運ぶので，メーカーは小売業に対して，情報格差を拡大するような工夫をしないといけない。

3） 動機付け（誘因）は，慎重に行うこと。

動機付けは，同じものを提供し続けると誘因とならなくなる。また，競合メーカーと比較可能な誘因は誘因競争となりがちになる。そのため，誘因は手を変え，品を変えて行われることになり，結果的にその種類は増える傾向にある。

4） 卸売商や小売商が大規模化するほど，コントロールは難しくなる。

ゆるやかなコントロールをするためには時間もお金もかかる。コントロールではなく協調関係を築くために提案をしようとすると情報開発が欠かせない。

5） 流通業者が大規模化した業界ほど，コントロールという考え方がなくなってきている。そのため，対立から協調へというのが主流の考え方になってきている。

6） パワー・コンフリクト理論は，メーカーが流通業者をコントロールできるという前提に立っているので，現在の小売構造に対応できる理論ではなくなってきている。

7） チャネル管理という発想は，現代のチャネル戦略としては有益ではないので，関係性の管理というように発想を変えないといけない。メーカーと大手

小売業との関係は,「協調関係」だけではない。「パートナー」という関係もあるし,「信頼関係」もあれば,「敵対関係」もあるし,「貸し借りの関係」もある。個々の小売企業とどのような関係になりたいのかを明確にして,戦略的に関係を管理していくのが現代的チャネル調整の方向性だと考える。

第2節 チャネルの評価

　チャネル戦略を立案し,実行したら,その成果の評価を毎年行う必要がある。これは短期的チャネル評価と呼ばれる。もう1つは,5〜10年後の日本の流通を展望して,その時のチャネル戦略を考えるもので,長期的チャネル評価と呼ばれている。

1. 短期的チャネル評価

（1） メーカーとしての目標は達成できたのか

　メーカーとしての,ある事業部の目標が市場シェアを10％から12％へ増加させることであったり,売上高を300億円から350億円に増加させることであるかもしれない。それを実現するためのマーケティング戦略があり,その中で整合性のあるチャネル戦略が立案され,実行されるわけであるから,チャネル戦略の具体的目標は「配荷店数を1万店増加させる」とか「大手コンビニ3社の棚のシェアを5％から8％にする」とか「食品スーパーの棚のフェース数を5フェースから8フェースにする」とか「食品スーパーのエンド特売を昨年度の3割増しにする」とかという具合に全国一律の目標もあれば,地域ごとの目標もあると考えられる。また,メーカーによっては,「ドラッグストアとの共同研究を全国20ヵ所で行うこと」という目標もあるかもしれない。そのような具体的目標が達成されたかどうかをまず確認しなければならない。

　既述のような具体的な目標とした配荷店数,店頭露出などは達成できたのか

どうか，これは特に厳しくチェックされなければならない。全国一律の目標は達成できたのか，地域ごとの目標は達成できたのか，達成できなかった目標を洗い出しなぜ達成できなかったのか，を明確にする必要がある。

　特に，大手小売業の店頭露出の程度，例えば，棚のどこに何フェース確保できたのか，エンド陳列は何週取れたのか，大陳特売は何回実施できたのか，クロスマーチャンダイジング提案は何回行い，何回実施できたのか，などメーカーが設定していた具体的目標が達成されていたかどうかが詳細にチェックされる必要がある。大手小売企業A社では，ほぼ目標が達成できていたのに，B社では未達のものが多いのであれば，その原因を突き止めなければならない。具体的目標が未達のものが多い小売企業との現在の関係がどういう関係だと思われているのか，担当営業マンがどのように評価されているのかなども調査しないといけない。

　また，目標売上高，利益が達成されたかどうかを確認する必要がある。これにはメーカーとしての目標売上高，利益もあれば，広域営業本部としての目標売上高，利益もある。これをさらに取り引き先の有力小売企業別に設定された目標売上高，利益が達成されたかどうかもチェックする必要がある。

（2）　個々の主な流通企業の評価

①　メーカーから見て，流通業者は役割を十分に遂行したのか

　もしも，期待した役割が十分に遂行されていなかったとしたら，なぜかを調べる必要がある。特約店・代理店については，オンラインでいつ，誰（担当営業マン）が，何を，何個，何円で，どこに販売したかが分かるようになった業界が多いため，メーカーがどの特約店・代理店がメーカーの意向に沿った営業活動をしているかどうかがわかるようになった。このことは卸売業をメーカーが評価しやすくなったと言えるだろう。チェーン小売業については，主な店舗をメーカーの営業マンが訪問している企業が多い。そうすることによって，自社商品が棚に商談結果の通りに並んでいるのかどうか，何円で販売されているか，エンド特売は商談通りに実施されているかどうかなどがわかるからである。

このような店頭管理は実施したほうが望ましい。メーカーによっては，パートタイマーの主婦を組織化して，店頭管理しているところもある。

② それぞれの流通企業との取引におけるメーカーとしての収益性

有力小売企業別に1年間の取引結果として，その小売企業との取引でどのくらいの利益が出たのかを計算できないというメーカーもあるが，計算できているメーカーも多く存在している。計算できないと主張するメーカーは，コストが完璧に計算できないと言うのであるが，計算できるコストから計算していけばいいのである。そのように考えていくと徐々に納得のいく計算ができるのである。個々の有力小売企業と取引して，どのくらいの利益が出たのかがわかるうようになると，個々の有力小売企業それぞれとどのような関係を構築したいかを考えることができるようになる。

③ 個々の流通企業の成長性・健全性

成長している小売業態，成長している小売企業，これから成長しそうな小売業態，これから成長しそうな小売企業を一早く見い出すためにも個々の流通企業の「売上高」「売上高増加率」「収益性」などをチェックする必要がある。もちろん，このような分析によって，それぞれの流通企業の財務的健全性がわかることも多い。

また，それぞれの有力小売企業がその業界全体の平均よりも優れているのか，あるいは劣っているのかを知るために有価証券報告書からいろいろな成果を評価する方法もある。

例えば，日本リティリングセンターは，有価証券報告書の分析によって，小売フォーマット別に，「総資本経常利益率」「総資本回転率」「営業収入経常利益率」「営業収入営業利益率」「1株当り純利益高」「自己資本当期純利益率」「自己資本構成比率」「インタレスト・カバレッジ」「総売上高増加率」「経常利益高増加率」「粗利益率」「売場販売効率」「商品回転率」「販売資産回転率」「支払勘定回転率」「回転差資金」「利潤分配率」「賃金分配率」「不動産費分配率」「販促分配率」「労働生産性」「従業員一人当たり売場面積」「従業員一人当たり平

均賃金」「坪当たり営業利益高」「坪当たり在庫高」「損益分岐点売上高比率」の26項目の平均を算出している[14]。

④ 主なチェーン小売業の動向分析

そのメーカーにとっての主なチェーン小売企業10社程度については，毎年の業績の他に，企業としての中長期経営計画，経営組織，担当役員，マーケティング戦略の考え方，情報システム，物流システム，営業組織，研究開発部門，技術などの変更・動向について調査し，整理しておくことが重要となる。さらに，いわゆる社内派閥や，役員の出身大学，大学での所属ゼミ，趣味などの人物ファイルも可能ならば作っておく必要がある。

2. 長期的チャネル評価

5～10年後の日本の流通を展望して，チャネル戦略をどのように変えていったらよいかを検討するものである。5～10年後を予想するのは，極めて難しいことなので，わかることから整理して行くことと，将来を展望する担当者がいるほうが望ましい。

その場合，5～10年後の消費者の生活は？，5～10年後の消費者の買物行動はどのようになっているか，5～10年後の小売構造は？，5～10年後のネットスーパー・ネット通販はどの程度成長しているのか，5～10年後の卸売構造は？などを検討する必要がある。現在，技術の進歩が目覚しく，どの程度，店舗が省人化されるのか，無人化されるのか，あるいは配送がどのように進展するのか不確かなことが多く，将来を展望することがさらに難しくなっているので，シナリオ分析のように，この技術がこの程度普及したら，あるいは全面普及したらなどいくつかのケースにわけて予想するのが現実的かと思う。

それに対応してメーカーのチャネル戦略は，いかにあるべきかを検討することになる。チャネル構築を一度行うとそれを変えるのは大変なので，チャネル構築は長期的戦略になることが多い。

将来展望を行うにあたって，人口減少・少子高齢化という面から将来展望し

た『未来の年表』[15]などは，参考になるものの1つかもしれない。

注記

1) Rosenbloom, Bert (1978), *Marketing Channels*, The Dryden Press, 1978, p194. なお，原典は次の論文である。Weiss, Edward B. (1958), "How Much of a Retailer Is the Manufactures," *Advertising Age*, 29, July.
2) この項は，風呂 勉 (1965)『マーケティング・チャネル行動論』千倉書房，に依拠している。
3) Gaski, John F. (1984), "The Theory of Power and Conflict in Channels of Distribution," *Journal of Marketing*, Vol.48, Summer, pp.9-10.
4) *Ibid.*, p.11.
5) 石井の研究成果の説明は，石井淳蔵『流通におけるパワーと対立』千倉書房，1983年，に依拠している。
6) Gaski, John F., *op.cit.*, p.14, の図表からも明らかである。
7) ゲィリー・デービス著，住谷宏・伊藤一・佐藤剛訳 (1996)『トレード・マーケティング戦略』同文舘出版，285ページ。
8) 市川晃久 (2008)『店長・バイヤーは，あなたが動かす。』日本経済新聞社，115ページ。
9) 高嶋克義 (1985)「チャネル・パワーと統制」，近藤文男・中野安編著『流通構造とマーケティング・チャネル』ミネルヴァ書房，212ページ。
10) Stern, Louis W. and Adel I. El-Ansary (1992), *Marketing Channels* (4th ed.), Prentice-Hall, Inc., p270.
11) *Ibid.*, p.271
12) 宮野入達人 (1993)「グローバル時代のチャネル戦略」『CBS 研究資料』(青山学院大学総合研究所研究センター)，14-15ページ。
13) 新制度派アプローチによるチャネルの協調的関係の研究に関する記述は，渡辺達朗・久保知一・原頼利編 (2011)『流通チャネル論』有斐閣，に依拠している。なお，営業資源の価値モデルについての説明は，本書の第6章に依拠している。
14) 渥美俊一 (2002)『チェーンストア経営の原則と展望』138ページ。
15) 河合雅司 (2017)『未来の年表』講談社現代新書。

第4章
低集中度販路におけるチャネル戦略

第1節　低集中度販路と高集中度販路

1．低集中度販路と高集中度販路の特徴

　図表4-1に示されているように，配荷店数に比例して売上高が増加する販路が低集中度販路である。かつては，日本の消費財メーカーのチャネルはほとんどがこのような低集中度販路であった。

　ところが，1980年代の後半には，「当社の主要商品は，25万店ぐらいに配荷されていると思うが，約1万5千店で売上の70％ぐらいが販売されている」とか，「当社の主要商品は約10万店ぐらいに配荷されているが，約1万2千店で

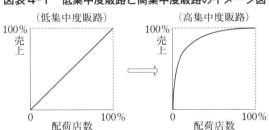

図表4-1　低集中度販路と高集中度販路のイメージ図

約90％が販売されている」といったチャネルがでてきたのである。このようなチャネルを我々は高集中度販路と呼んでいる。

かつては低集中度販路がほとんどであったため，高集中度販路の出現は衝撃的であった。しかし，90年代に入ると，このような高集中度販路は加工食品，菓子，トイレタリー，家電の業界ではむしろ普通の状態になってきた。あるメーカーでは，1983年にはチェーン小売業への販売依存度は33％であったが，1997年には63％になったと発言し，また，他のあるメーカーではチェーン小売業への販売依存度は1980年には約30％であったが，1998年には約75％になったと発言している[1]。このように上記4業界では，高集中度販路を構成するメーカーが一般化してきている。

高集中度販路・低集中度販路という表現は必ずしも一般的ではないが，例えば，日本でインスタントコーヒーを取り扱っている小売店（あるいは小売企業）をすべて抽出することができて，それぞれの小売店でのインスタントコーヒーの売上高が把握できるとすると，日本の小売市場でのインスタントコーヒーの累積集中度が測定できることになる。この累積集中度の高低がここで表現する高集中度販路あるいは低集中度販路の意味である。そのため，高集中度販路・低集中度販路という表現は，インスタントコーヒー業界全体でも使用できるし，個々のインスタントコーヒー・メーカーでも使用できる。もちろん，業界として，高集中度販路を構成していても，個々のメーカーは戦略的に低集中度販路

図表4-1　低集中度販路・高集中度販路業界の例

低集中度販路業界の例	高集中度販路業界の例
・タバコ	・加工食品
・清涼飲料水	・菓子
・ビール	・トイレタリー
・日本酒	・家電
・基礎化粧品	
・大衆薬	
・自動車	

注）この表は筆者の推定による。ビール，大衆薬は低集中度販路と高集中度販路の中間ぐらいに位置していると考えられる。また，現在は低集中度販路でも将来は高集中度販路になる可能性がある。

図表 4-2　食品の小売集中度
―上位 10 社の売上高が小売総販売額に占める割合＊1)―

「高集中度国」		「中集中度国」	
オーストラリア	97%	オランダ	79%
フィンランド	94%	ベルギー	66%
スイス	90%	イギリス	66%
スウェーデン	89%	アイルランド	51%
デンマーク	89%	「低集中度国」	
カナダ	88%	メキシコ	41%
オーストリア	84%		
西ドイツ＊2)	81%		
ニュージーランド	80%		

注：この他に，低集中度国には，アメリカ合衆国，イタリア，スペイン，日本等，9 カ国が含まれている。
＊1）小売企業だけでなく，共同仕入れ，VC 本部，生協等も含まれていると考えられる。
＊2）Aldi を除いて集計してある。
（出典）Randall, G. (1990), *Marketing To the Retail Trade*, BUTTERWORTH HEINEMANN, p143.

を構築しようとすることも可能であるし，業界平均以上に高集中度販路化することも可能である。

　ここで使用している意味に近いデータとしては，図表 4-2 を上げることができる。この図表によれば，食品（生鮮食品を除く）については，この当時は，日本もアメリカも低集中度国であり，イタリアとスペインを除くとヨーロッパ諸国が高集中度国である場合が多い。日本の小売業の集中度は高まってきているので，消費財メーカーにとっての高集中度販路は徐々に一般化していくと考えられる。本書で，あえて，このような表現を使うのは，このことが消費財メーカーのチャネル戦略に多くの問題点を生じさせており，チャネル戦略に関する意思決定に大きな影響を及ぼしているからである。

2．高集中度販路出現の理由

　日本の加工食品，菓子，トイレタリー，家電の業界で高集中度販路が形成さ

れた理由は，第一に食品スーパー，総合スーパー，CVS，ホームセンター，ドラッグ・ストア及び家電量販店をはじめとする各種専門ディスカウントストアや総合ディスカウントストア等が成長したことにある。しかも，これらの業態がチェーンストア，フランチャイズ・チェーン，ボランタリー・チェーンなどの経営形態を採用し，多店舗展開したのが影響を大きくしている。第二に，消費者の買物行動の変化が指摘される。特に，自動車の家庭への普及と共に，自動車での買物が増加しており，それに伴って，買物回数の減少，買物移動距離の拡大，ワンストップショッピング志向の強化などが生じている。

　第一の理由から，価格分散の拡大が生じ，第二の理由，特に買物移動距離の拡大は小売店間の価格・サービス競争の激化を生じさせている。そのため，商品毎に売れる小売店ないし業態がかなり明確になって来ているのである。それが，メーカーから見ると，結果的に高集中度販路の形成という言葉で表現されるのである。

第2節　低集中度販路におけるチャネル戦略の経験則

　チャネルの構築や調整・評価に関する中長期的方策をチャネル戦略と呼ぶとすれば，日本の消費財メーカーのチャネル戦略には，暗黙のうちに経験則が存在していたと考えられる。ここでは，チャネル戦略目標を継続的に達成するために効果的であると消費財メーカーの多くの人々に共通して考えられていた基本的考え方や方法を経験則と捉えている。そうすると，幾つかのチャネル戦略の経験則が存在していたと考えられる。

1. 配荷店数最大化の原則

　日本の消費財メーカーには，配荷店数を多くすればするほど，長期的に売上高目標を達成しやすいという経験則があったと考えられる。配荷店数が多いほど営業力が強いという表現をすることもある。そのため，ある業界ではシェア

1位と2位のメーカーは約28万店に配荷しているが，3位のメーカーは15万店ぐらいしか配荷できていないのでシェアの逆転は難しいとか，ある商品でシェアが2位のメーカーは特定の業種の小売商に配荷できないので1位メーカーに追いつけないといった意見をしばしば耳にした。また，メーカーの今年度の営業方針として報道されるものには，売上増加策として，配荷店数を増加させようとする方針が多い。

　例えば，1992年4月にサッポロビールは「吟仕込」の販売目標を前年度の1,800万ケースから2,200-2,300万ケースに上げた。その実現のために，全国約14万店の酒販店への配荷率が当時75〜80％であったので，これを90％に引き上げることを狙って，全国600人の営業マンが活動し始めたと報道されている[2]。また，キリンビバレッジは1999年8月に缶コーヒーの新ブランド「FIRE」を発売した。当時，キリンビバレッジの缶コーヒーの「JIVE」の販売数量が低迷していた。しかし，「缶コーヒーは飲料全体の販売の四分の一程度を占め，自動販売機では4割前後にも達する。この分野で上位に入るブランドを持たないと，自販機の一台当たりの売上高や，コンビニエンスストアでの棚の確保などに悪影響が出る。そのため，今回の新商品の成否が当社の飲料事業の全体の今後を左右すると考えており『FIRE』の商品開発には全力を注いだ」[3]と述べられている。98年のキリンビバレッジの缶コーヒーの販売数量は約1,400万ケースだったが，新製品は年内に850万ケース，2000年は2,400-2,500万ケースを販売目標にしている。そのために，製品そのものをレギュラーコーヒーに限界まで近づけたこと，TV広告の展開等があるが，他メーカーとの競争にあたっては，自販機，CVS，スーパーの店頭など総計で26万カ所で「FIRE」を販売する体制を築くそうであり，これは「JIVE」の約2倍に当たる数である。このように売上目標を達成するために，配荷店数を多くするというパターンが非常に多いのである。

　したがって，この経験則は現在でも多くの業界で有効なのである。そのため，多くのメーカーでは配荷店数を多くするように努力している。実証研究でも，「上位メーカーほど配荷率が高く，下位メーカーほど配荷率が低いということであり，そのため下位メーカー程配荷店数の拡大をチャネル戦略目標にしてい

る」[4]ということが判明している。

　逆に，配荷店数を絞り込みすぎて失敗した例も報道されている。「村田機械の家庭用ファクシミリ『エフ・ジャン　ムーラ』も似たケースだ。後発の同社では新製品を目立たせるため，あえて家電量販店ルートを避けて最初の3ヵ月間，百貨店のそごうだけで販売するという奇策を打った。ヤングに的を絞り，販売価格を抑える一方，コミックの『ヤングジャンプ』などで広告キャンペーンを展開，ヤング主導でブームの巻き起こしを狙った。そごうも家庭用ファクシミリの拡販を通して『情報商品にも強いそごう』への脱皮をねらったが『百貨店の中心顧客は四十代。ヤングに強い西武百貨店ならともかく，今のそごうに情報商品はなじまない』ことが改めて判明した。また，有望チャネルであるCVSを販路とした鐘紡の男性用化粧品と，味の素ゼネラルフーヅが発売した個食対応型缶入りレギュラーコーヒーは早々と生産中止や一般ルートでの販売停止に追い込まれた。」[5]

　もちろん，高級イメージで販売している商品の中には，イメージを守り，強化するために，その商品にふさわしい店舗や売場だけに限定販売して成功しているものもある。例えば，バカラ・パシフィックは，全国約50ヵ所の百貨店で商品を販売していたが，1991年から百貨店を選別し始めた。これはそれまで百貨店の輸入食器売場に他社製品と一緒に「バカラ」が陳列されていたのを，大型インショップに改装する方針を打ち出したのと軌を一にする。バカラ・パシフィックは百貨店に対して，①バカラの専用として45m^{2}前後の売場を確保すること，②改装工事（1店当たり約2,500万円）は全額百貨店が負担すること，③単価の低いワイングラスから高級シャンデリアまで取り揃える商品政策に切り替えること，④商品は完全買い取りにすること，などの諸条件を提示し，実施できない百貨店からは原則撤退する方針を決めた。そのため，91年に50ヵ所の百貨店で販売していたものが92年には39ヵ所の百貨店での販売になっている。バカラ・パシフィックはさらに絞って35店程度にする予定である。なお，このように取引先を限定したうえで，対象顧客は従来の高額所得者から若い女性まで広げる戦略を採用している。この方針が功をなして，売上は順調に伸びていることが報じられている[6]。

日本においては，例えば典型的な，家電も自動車も選択的チャネルを採用しているものの，シェアの高いメーカーほど配荷店数は多いのである。そのため，技術革新に基づいた差別化された製品が開発され，消費者に支持されない限り，シェアの逆転は難しかったのである。販売力が違うからである。そのため，選択的チャネルを採用していても，配荷店数を多くするように努力していたのである。そのため，本書では，配荷店数を多くすることが経験則だったと主張しているのである。もちろん，既述した「バカラ」の例やセイコー社の「クレドール」というブランドの腕時計などにみられるように配荷店数を絞っている商品もあるが，かなり多くのメーカーが配荷店数を増加させることを経験則としていたという意味である。

2．流通系列化の原則

既述したように，配荷店数を多くすることが日本の消費財メーカーのチャネル戦略の経験則の1つといえるが，配荷店数を多くするほど売上は増加する可能性は高いが，同時にコントロール力を失う可能性が高い。そこで，日本の消費財メーカーは，配荷店数を多くしながらコントロール力を保持する方法をチャネル調整の中で開発してきたのである。

卸売商や小売商を系列化した方がチャネル戦略目標を達成しやすいという経験則があった。自動車，家電，制度品と呼ばれる化粧品メーカーなどは小売商まで系列化している例であるが，多くの業界やメーカーでは小売商の品揃えに1社では対応できないこともあって，小売商の系列化は無理な場合が多い。しかし，卸売商の系列化はほとんどのメーカーが実施してきている。

この流通系列化をチャネル調整の問題として扱うか，チャネル構築の問題として扱うべきかは議論が分かれるところである。もちろん，既述したようにチャネル構築の問題も，チャネル調整の問題，特にコントロールの問題と密接に関係しているように両者は別々のものではない。ここではコントロール手法の1つとして流通系列化を問題にしているので，チャネル調整の分野に入れている。

コントロールするためには小売段階では専売店（特定メーカーの製品だけを

品揃えし，販売する小売商）制が最も望ましいので，これを最初に考えることになる。消費者ニーズや小売商の品揃えにメーカーが一社では十分に対応できないとすれば，準専売店（仕入れ額の一定割合以上を特定のメーカーの製品にしている小売商）制を考えることになる。専売店制や準専売店制が可能ならそれをチェーン展開することになる。小売段階の専売店制や準専売店制が無理なら，卸売段階まで系列化しようということになる。小売段階の専売店制に該当するのが販社（特定のメーカーの製品だけを品揃えし，販売する卸売商）制であるから，まずこれを考えることになる。販社制を採用し，実行するのには大変な時間と費用がかかり[7]，環境変化への適応力や柔軟性が弱いという欠点もあるので，それぞれの企業の方針によって販社制を採用するかどうかは異なる。コントロール力を最も重視するなら販社制を採用するかもしれないし，上記の短所を考慮して環境変化への柔軟性や適応力を重視すれば採用しないことになる。販社制を採用しないメーカーは，ほとんどが特約店・代理店制を採用している。特約店とか代理店という名称は業界によって使い方が異なり，例えば食品業界では伝統的に特約店という名称を用いるが，日用雑貨業界では代理店という名称を用いるのが普通である。いずれも自社商品を重視し，販売に協力してくれる卸売商と地域別に代理店契約とか特約店契約を結び，その地域ではその卸売商を必ず経て販売し，その卸売商を優遇するものである。このような専売店制，準専売店制，販社制，特約店・代理店制の組み合わせやこれらのいずれかを各メーカーは採用して流通業者に自社の方針を伝え，その方針を流通業者の意思決定に反映してもらうように調整してきている。また，そのために様々な支援もしてきている。

　メーカーは，売上目標を達成するために，配荷店数を最大化してきた訳だが，この経験則はコントロール力が低下する可能性があり，それは長期的にみると，利益の減少に結び付くことも考えられるので，その短所を補うために，流通系列化という経験則を生み出したとも結果的に見れるのだが，流通系列化の実現のためには，時間とコストがかかるので，流通系列化を実現すると競争優位を生み出し，そのようなチャネルを持っていないメーカーからすれば，参入障壁と見られることもある。かつて，海外の国が日本の自動車産業の参入障壁とし

て，系列化網をあげたことがあったし，外資系の製薬メーカーの多くが，日本市場に参入すると自社で販路を築くことができず，日本のメーカーに販売してもらっていること等からも推測できる。

3．取引条件の非標準化の原則

　卸売商や小売商をコントロールして目標を達成するためには，「取引条件の非標準化」を採用するのが効果的であるという経験則がある。「取引条件の非標準化」は，流通業者に対して個別に対応するという意味でもある。そのため，消費財メーカーの複雑なリベート体系は「取引条件の非標準化」を象徴している。この「取引条件の非標準化」と呼んでいる内容は，メーカーの目的から2つに更に分類される。それが次の①と②である。

　　① 個別対応型動機付けのためのリベート

　リベートには様々なものがある。代表的な目標達成リベートや月間リベート，季節リベート等とよばれるものはいずれもメーカーが商品を計画的に販売するために流通業者に刺激を与えるもので，動機付けのためのリベートと呼ぶべきものである。特に，目標達成リベートは一社ごとに目標を提案するものであるから，当初から個別対応の性格をもっており，メーカーの社内には基準があるようだがそれを流通業者には必ずしも明らかにせず，その運用で流通業者別に差をつけ基本的には「あなただけリベート」と呼ばれるように，個別対応型リベートであって，それを活用して，メーカーへの協力を強固なものにしようとしてきている。この目標達成リベートは卸売商に対して提供するものであるが，チェーン小売業に対しては年契と呼ばれるものがその役割を果たしている。これも同様に年間の数量契約を結び，その達成に対してリベートを提供するものである。

　　② 価格コントロールのためのリベート

　メーカーにとってはブランドが極めて重要であり，そのブランドの価値を守

るためには消費者価格をある程度維持する必要がある。なぜなら，消費者はブランドの価値を実勢消費者価格で判断する傾向があるからである。そのため，メーカーはメーカー希望小売価格を設定し，建値を設定し，その建値での流通業者の粗利率を保証することによって価格を安定させてきたのである。そのため，実勢消費者価格がメーカー希望小売価格よりも低下したときはリベートによって粗利保証をしながら，価格安定をお願いしてきたのである。また，地域によって競争企業の商品の価格との関係から，価格を下げる必要があったり，価格を上げる必要がある。そのためにリベート支出の多寡によって実勢消費者価格をコントロールしてきたのである。このように，ブランドを守り，実勢消費者価格を安定させるために，メーカー希望小売価格，建値，リベートという3点セットを活用してきたのである。このことは，同時に粗利保証をすることによって流通業者の協力を得ることにつながっており，有力なチャネル調整手法ともなっている。

　上記のようにリベートを調整手段とすることによって，販売計画，地域毎の競争などに柔軟に対処することができるのである。

　流通業者のコントロールというと，この他に一種の制裁がある。売れ筋商品の配荷を後回しにするとか，希望するだけの数量を販売しないとか，注文があっても遅納させるとか，代理店・特約店から降格させるとか，リベートを削減するとか，取引をやめるとかという方法がある。このような方法を実行しているところもあるかもしれないが，制裁はメーカーに対する不信感を醸成させ，あまり有効ではなかったようである[8]。そのため，ここでは有効なチャネル調整手法として特に取り上げていない。

　リベートについて，数社に対してヒアリング調査を実施した結果，リベートについては次のことが言えそうである[9]。

① 卸売業者に支払うリベートは，もともとメーカーが利益を出した時に，感謝の意味で支払ったものであった。

② 多分，リベートの多様化は，メーカーが生産力を増強するにつれて，その計画的生産に対応させて計画的に販売するために，卸売業者の仕入れ量

に応じた定率のリベートの導入や目標達成リベートを導入し始めたことと，スーパーの台頭と成長につれて，卸売業者間の納入価格競争が起き，卸売業者のマージンが減少し，メーカーに助けを求め始め，メーカーとしても小売価格を安定させたい目的でリベートの種類を増加させたようだ。ただ，リベートを多くするほど，卸売業者間の価格競争が激しくなるので，調査当時からリベートの削減を考え始めたメーカーが出て来ていた。

③　メーカーのリベートの多様化とスーパーへの販促金（あるいは拡売金）の処理を巡って，卸売業者の経理処理が巧みな所とずさんな所では収益に相当の差が出て来ていたことが想定される。そのため，卸売業者からもリベートの簡素化が求められ始めていたようである。また，リベートが後払いのため，その分金利負担が増すという卸売業者の苦情はリベートの即引化の要求に現れて来ていた。

したがって，本書で，チャネル調整の経験則として指摘したリベートの活用の仕方は，上記①，②，③の内②の解釈に基づいている。

第3節　チャネル戦略の経験則の成立とその相互関連性

1．経験則の成立

　メーカーが流通過程に進出した理由としては，大量生産とブランド価値の維持が既に指摘されているが，その他にも，新製品の効用を流通業者が消費者に十分に伝えられなかったという点も指摘できる。例えば，正しい化粧の仕方や新しい家電製品の効用である。そのために，資生堂やパナソニック（当時は松下電器産業）が，結果的に小売店に美容部員を派遣したり，研修所で教育をせざるを得なかったのではないかと思う。このことは同時に新しい効用を持つ商品を効率よく販売できる流通システムが未整備だったともいえる。そのために，メーカーが自ら販路を構築せざるを得なかったのである。

このように，流通システムが未整備だったために，メーカーが流通系列化を推進するというパターンがあり，また，食品業界等のように既存の代理店・特約店制度を活用しながら，その内容を少しずつ変えて，計画的販売の仕組みを作ってきたパターンもある。このようにして，流通系列化は多くの業界で推進されることになる。

この流通系列化を推進する手法として，特定メーカーの商品だけを取り扱う専売店や販社が登場し，また，併売であるのに特定メーカーの商品を一定額販売させるための動機づけの手法としてリベートが活用される。このリベートは，価格安定のためにも活用されるようになる。

ここまで，配荷店数については特に問題にされてこなかったが，商品を計画的に販売するためには，その商品を販売する拠点を多くする方が有利である。商品の市場露出を最大にし，チャンスロスを最小化することが，商品を多く販売する上で極めて有効である。このことはメーカーの営業活動の経験の中で培われて来たものである。現在でも，最寄品業界の1つの経験則としては，「TV広告の効果を出すためには広告を打った時，商品が店頭に並んでいないといけない」というものがある。しかし，メーカーが自ら全国の小売店に配荷する活動をするのでは効率が悪すぎるので，有力な卸売業をいかに自社に協力させるかが重要だったのである。そのために，共存共栄思想があったり，代理店・特約店制を活用したり，卸売商の経営安定のために小売価格の安定に努めたりしてきたのである。

パナソニックや花王，その他の例を見ても，70年代に経験則ができあがったのではないかと想像できる。それは，既述した「配荷店数最大化の原則」「流通系列化の原則」「取引条件の非標準化の原則」である。

2. 経験則の相互関連性

多くのメーカーが，チャネル戦略に取り組んだのは昭和30年代に入ってからだという指摘があったが，より正確には昭和30年代後半，つまり1960年代に入ってからである。その当時から，メーカーがチャネル戦略に期待したもの

は，計画的生産に対応した計画的販売であったと考えられる。それを実行するには，「配荷店数最大化の原則」を実現しなければいけない。メーカーが自らこの原則を実行するのは効率が悪すぎるので，有力な卸売商を組織化して，その卸売商に実行してもらうほうが効率がよい。それが「流通系列化の原則」である。先行事例である資生堂は小売店の組織化から始めているが，それを成長させるためには卸売商の協力が必要で，販社の設立をしている。その後，パナソニックは小売店の組織化の前に卸売商の組織化をし，販社を設立している。花王も販社の設立に動き，他の食品，トイレタリーメーカーは代理店・特約店の再編をしている。この「流通系列化の原則」を実行し，それを有効に活用するための原則が「取引条件の非標準化の原則」であり，これによって特定メーカーの商品の販売に刺激を与え，計画的販売を実現しようとしている。また，小売価格の安定のための手段でもあり，建値の乱れを修正する手段でもあり，時には地域的な価格競争に対応する手段にもなっていた。つまり，ある地域で競合メーカーが販促金を多く支出し，自社の商品を安く販売してもらってシェアを奪還しようと企てた場合に，それに対抗する手法として，その地域の卸売商に販促金を多く支出して対抗的な特売を実施したりするのである。「取引条件の非標準化の原則」はこのように，流通系列化を実効あるものにしたり，地域的環境の変化，小売構造の変化に対応して卸売商をコントロールする重要な手段であった。

　このように「流通系列化の原則」と「取引条件の非標準化の原則」は，「配荷店数最大化の原則」を実行するための方法であったとも理解される。

　また，マーケティング・チャネル論の視点から解釈すれば，「配荷店数最大化の原則」は少なくても短期的には売上拡大に貢献すると理解されている。しかし，このような原則の実行は長期的にはコントロール力を低下させ，それは利益の低下につながると理解されている。にもかかわらず，「配荷店数最大化の原則」を達成するために採用された「流通系列化の原則」は，メーカーに流通業者に対するコントロール力を身につけさせ，いち早く流通系列化を実現したメーカーは競争優位さえ持つようになった。コントロール力を持ったメーカーは，さらに「取引条件の非標準化の原則」によって，計画的販売と価格の

安定を図るようになった。このように日本の消費財メーカーは、アメリカのマーケティング・チャネル論の論理を超えたチャネル戦略の経験則を生み出してきたのである。

注記

1) 本章で、チェーン小売業（組織小売業と呼ばれる場合もある）というのは、チェーンストア（レギュラー・チェーン）、ボランタリー・チェーン、フランチャイズ・チェーンの総称である。ただし、個々のメーカーがチェーン小売業と呼ぶときは、それぞれのメーカー毎に定義が異なる場合がある。メーカーが「量販店」と呼ぶときにそれぞれのメーカーの定義が異なるのと同様である。
2) 『日経流通新聞』1992年4月16日号。
3) 『日経流通新聞』1999年8月19日号。
4) （財）日本生産性本部［1992］D-43ページ。これは「市場地位別チャネル戦略に関する一考察」というテーマでの実証研究の成果をまとめた箇所からの引用である。
5) 『日経流通新聞』1992年2月1日号。
6) 『日経流通新聞』1992年2月20日号。
7) 例えば、花王(株)は販売会社を全国に構築するのに10年の歳月と214億円の費用がかかったといわれている。塩沢由典（1983）『近代経済学の反省』日本経済新聞社、395-399ページ。
8) 田中正郎（1989）「市場地位別チャネル管理のあり方」『マーケティングジャーナル』第9巻第3号を参照のこと。
9) 流通政策研究所（1982）『加工食品取引における割戻金制度に関する調査報告書』参照。

第5章
チャネル戦略の焦点の変化

　この章では，最初に，低集中度販路におけるチャネル戦略の経験則の有効性がなぜ低下してきているのかについて述べる。その後，メーカーの卸売業政策が変化せざるを得なくなってきた理由を述べ，その結果，チャネル戦略の焦点が移行してきていることを明確にしたい。

第1節　低集中度販路におけるチャネル戦略の経験則の有効性が低下した理由

　メーカーにとって，極めて有効なチャネル戦略の原則ができあがり，広く認識されたのは，1970年代だと理解される。しかし，それらの経験則の有効性は，加工食品，菓子，トイレタリー，家電業界を中心に，1980年代後半からその有効性が低下し始める。なぜなら，それらが有効に機能する前提条件が崩れ始めたからであった。そのため，経験則の有効性ないし効果性が喪失してきているのである。

1．配荷店数最大化の原則に関する前提条件とその崩壊

　配荷店数が多いほど目標を達成しやすいという経験則には，個々の小売店の当該商品の販売個数がそれほど違わないという前提があったはずである。その

ため,配荷店数が多くなればなるほど売上高が増加するということが成立していたのである。我々は,このような販路を低集中度販路と呼んでいる。しかし,既述したように高集中度販路が出現し始めたのである。

特に,加工食品,菓子,トイレタリー,家電の業界では高集中度販路が普通になってきている。そのため,このような業界では配荷店数を最大化することが必ずしも有効ではなくなってきている。

2. 流通系列化の原則の前提条件とその崩壊

(1) 小売商の系列化の前提条件の崩壊

小売商を系列化した方がチャネル戦略目標を達成しやすいという経験則の1つの前提条件は,そのメーカーの商品の価格分散が極めて小さいかあるいはないということである。どこで購入しても同じ価格であれば,消費者は最寄りの小売店で購入するから系列店の多少がシェアを決定する要因となるのである。もちろん,小売商の系列化の目的の1つは価格の安定であった訳であるが,系列化が実行された後は,逆に,価格の安定が系列化を有効に機能させる前提条件になったのである。しかし,周知のように既に家電業界ではこの前提は崩壊してきている。また,制度品の化粧品は価格が維持されてきていたが,独禁法のガイドラインは価格維持行為を原則違法であると表明しており,安売りをした小売商に対して価格を守らなかったという理由で出荷停止をすることは違法であり,ある大手化粧品メーカーの一部も既に排除勧告を受け,それを受け入れている。そのため,制度品メーカーの化粧品の一部を割り引き販売する小売商の出現は一部のデスカウント・ストアだけでなく大手小売商や一般の薬粧店にも広がってきている。

この動向に対処するために,制度品メーカーもセルフサービス用化粧品と対面販売用化粧品に分類し,セルフサービス用化粧品の割り引き販売は黙認しているようである。独禁法の運用強化はディスカウント販売にとって追い風であり,いろいろな商品の価格分散が大きくなることは避けられない。そのため,

前提条件は崩壊してきており，従来の方法での小売商の系列化は有効に作用するとは限らない。

（2） 卸売商の系列化の前提条件の崩壊

　卸売商を系列化した方が，チャネル戦略目標を達成しやすいという経験則がある。販社制は，メーカーが維持しようとすれば可能であるかもしれない。また，特約店・代理店制が有効に作用するための前提条件としては，各地域毎に有力メーカーの数だけ有力卸売商が存在すること，および卸売商が小売商に対し販売力を持っていること等があげられる。しかし，高集中度販路化するということは消費者が当該商品を特定の業態ないし店舗で購入することを意味するのであるから，そのような成長する小売商と取引できる卸売商は成長し，取引できない卸売商は衰退することになり，ついには転廃業や合併に追い込まれることになる。そのため，最も高集中度販路化している加工食品の卸売商は寡占化してきており，菓子や日用雑貨の卸売商は転廃業・合併が盛んに生じている。

　このように消費財卸売商は業種別に地域寡占化が進展している。また，高集中度販路化するとメーカーは自らチェーン小売業と取引のための商談をするようになるので，メーカーからみれば卸売商の小売商に対する販売力は低下してきていることになる。そのため，卸売商を系列化できてもその効果は低下してきている。

3．取引条件の非標準化の前提条件とその崩壊

（1） 個別対応型動機付けのためのリベートの前提条件の崩壊

　個別対応型動機付けのためのリベートが卸売商や小売商をコントロールする上で効果的であるという経験則がある。この経験則の前提条件は，取引交渉の主導権がメーカーにあるということである。商談時の主導権が小売商に移っても取引条件の非標準化戦略を適応すれば，小売商の要請はエスカレートすることになり，メーカーはその対応に苦慮することになる。

現在，チェーン小売業との商談においては，大部分がチェーン小売業側に主導権が移ったとみることができる。卸売商が寡占化してきている業界では，卸売商に対してもメーカーの主導権の確保は危うい状態になってきている。そのため，個別対応型リベートによる動機付けは，チェーン小売業に対しては特にその効果が低下してきている。

(2) 価格コントロールのためのリベートの前提条件の崩壊

価格コントロールのためのリベートもその効果を低下させてきている。なぜなら，メーカー希望小売価格，建値，リベートという3点セットでの価格安定を図れば，おのずと「コスト・マイナス方式」で実質的に価格体系が決まることになる。コスト・プラス方式で実質的に価格が決まっているとすれば，卸売商や小売商は「仕入原価＋コスト＋利益」で販売価格をそれぞれ決定することになる。

しかし，3点セット方式を採用していた多くのメーカーは，メーカー希望小売価格（例えば1,000円とする）を設定し，そのメーカー希望小売価格を100とした場合の卸売商への販売価格（例えば60）と小売商への販売価格（例えば70）を設定している。そのため，メーカーと直接交渉する小売商が，他店との競争や消費者の値ごろ感を勘案して，例えば1,000円ではなく800円で販売しようとすることがある。

この場合には，小売商はメーカーが設定した建値を逆手にとり，800円を基準として30％のマージン率を確保しようとする。そのため，小売商への実質販売価格は560円ぐらいになる。そうすると，卸売商も同様に建値のマージン率を確保しようとするため実質的なメーカーの卸売商への販売価格は480円ぐらいとなる。

このように実勢消費者価格を基準とし，メーカーの設定した建値のマージン率に相当するマージンが差し引かれて実質的な小売商への販売価格，卸売商への販売価格が決まっていくのをコスト・マイナス方式と呼ぶ。マージン率マイナス方式と呼ぶ方が実態に近いが，コスト・プラス方式と対照的であるという意味で，コスト・マイナス方式と呼ぶことにする。コスト・マイナス方式で価

格が決まるとすると，実勢消費者価格が極めて重要となる。実勢消費者価格を基準として，小売商，卸売商は一定のマージン率を要求するため，実勢消費者価格が低下すると実質的なメーカー出荷価格は低下することになる。つまり，コスト・マイナス方式では，メーカーは実質的に卸売商や小売商に一定のマージン率を保証していることになる。そのため，実勢消費者価格の低下は，ブランドの価値を低下させるだけではなく，直接，メーカーの利益を減少させることになるのである。

実勢消費者価格が予想外に低下していることが一因となって，多くのメーカーは十分な利益を出せなくなった。予想外の実勢消費者価格の低下は消費者が価格に敏感になってきたこと，各種専門DSの台頭，小売業者間の価格競争の激化などと共に製品の種類によっては小売商の低価格PBの出現や内外価格差の拡大に起因するものである。そのため，3点セットに基づくコスト・マイナス法は限界にきている業種が多い。

第2節　経験則の前提条件を崩壊させた要因

既述のように，従来のチャネル戦略の経験則が成立した前提条件が崩壊してきている業界が多い。それぞれの前提条件が崩壊してしきた理由を述べてきたが，これらを整理すれば幾つかに集約できる。

配荷店数に関しては，低集中度販路から高集中度販路への移行が前提条件の崩壊の理由であったが，それをもたらしたのは多様な新業態の台頭と成長（これをチェーン小売業の成長と呼ぶことにする）及び消費者の買物行動の変化であった。小売商の系列化の前提条件であった小さい価格分散を大きくさせたのは，チェーン小売業の成長と独禁法の運用強化であった。また，チェーン小売業の成長に伴って，卸売業の寡占化傾向が出現し，また，メーカーが直接チェーン小売業と商談するようになり，特約店・代理店制の効果が減少してきている。また，チェーン小売業の成長は商談時の主導権をメーカーから小売業に移行させ，個別対応型動機付けのためのリベートの効果を減少させてきている。また，

店頭価格の想像以上の低下は価格コントロールのためのリベートの前提条件を崩壊させたが，この原因としては小売業の価格競争の激化を指摘することができ，それをもたらした理由としては，バブル経済の破綻後の消費者の低価格ニーズの高まり，円高を利用した低価格商品の輸入の増加，大店法の規制緩和とその後の廃止に伴う大型店同士の競争の激化が指摘される。

このように見てくると，実はこれらの前提条件の崩壊の主な理由は，①チェーン小売業の成長，②消費者の買物行動の変化，③規制緩和と独禁法の運用強化，という3つの要因にあるといえそうである。

① チェーン小売業の成長

2002年度の商業統計調査から，フランチャイズ・チェーン（FC）あるいはボランタリー・チェーン（VC）への加盟の有無が調査されるようになった。チェーンストア（レギュラー・チェーン：RC）かどうかの調査はないので，10店舗以上所有している小売企業をRCとみなして計算すると，図表序-1（本書9ページ）のようになる。チェーン小売業の小売販売額に占める割合は，2002年で約6割であったが，2014年には78.7％となっている。

このようなチェーン小売業は，徐々に成長してきたものである。また，小売業の商店数が減少し，販売額も減少した時があるにも関わらず，その中でチェーン小売業が持続的に成長してきていることは，特筆すべきことである。

② 消費者の買物行動の変化

80年代以降の消費者の買物行動の変化の1つの要因は主婦業以外に仕事を持つ有職主婦（あるいは働く主婦）が増加したことである。そのため，買物時間帯の変化（平日は，パートタイマーは専業主婦よりも買物時間帯が遅く，常勤者はパートタイマーよりもさらに買物時間帯が遅い），買物出向起点の変化（有職主婦は，平日は職場ないしターミナル駅から買物に出向く人が多い），時間価値の増大によって素早く買物したいというニーズの高まりなどの変化が生じた。これらは，小売店に様々な影響を及ぼし，営業時間の延長ないし営業時間帯の変化，住宅街の商店街への需要の減少，商品を探しやすいレイアウトの工

夫，素早いレジの工夫（セルフレジやセミセルフレジの導入）等が行われている。

また，1980年で非農家世帯の自動車の普及率は54.2％であったが（農家世帯は74.5％），1990年には76.0％になり（農家世帯は88.6％），80年代に自動車が著しく普及した。そのため，買物の交通手段として自動車が増加し，それと共に買物回数が減少してきている。これはワンストップショッピングへのニーズの高まりを表している。このような買物行動の変化がショッピングセンターの時代にするという意見もでてきている。実際，地方都市ではその傾向が明確になった。

③　規制緩和と独禁法の運用強化

1989年からの日米構造協議を契機に，日本は規制緩和を推進することになった。同時に，「カルテル天国」とか「談合王国」と称されることもあった日本であるが，この談合を排除し，また，取引ルールの国際化を進めるために独禁法の運用強化を進めることになった。ある意味では供給者優先の政策から消費者利益優先への政策の大転換である。

規制緩和策の1つとして大店法の規制緩和が実施され，90年代に入り，大型店の増加，中小小売業の著しい減少がもたらされた。これは高集中度販路への移行を早めさせている。2000年6月からは大店法はなくなり，大店立地法が施行された。

また，独禁法の運用強化は徹底的な談合の排除を行って来ている。また，メーカーの価格維持行為についても厳しい目を光らせており，ガイドラインの公表と共に各業界で様々な理由があったとしても，メーカー希望小売価格を表示しない商品が増加している。独禁法の運用強化はメーカーの価格コントロールのためのリベートの有効性を低下させる1つの要因であった。

このように，日本の場合は法的環境の変化が流通を変化させたり，メーカーのチャネル戦略に関する意思決定を変えさせる契機になる場合が多い。

第3節　チャネル戦略の焦点の移行

1. メーカーの計画的販売の構図

　日本の消費財メーカーのチャネル戦略の経験則は、高集中度販路の普及した業界では、崩壊し始めてきているが、その経験則は、配荷店数を最大化するために有力な卸売業をいかに組織化し、コントロールし、自社に協力させるかがポイントであった。つまり、チャネル戦略の中心は卸売業対策であったのである。しかし、チャネル戦略の経験則が崩壊し始めると、チャネル戦略の焦点は変化せざるを得なくなる。この点をこの節では検討して行きたい。

　メーカーは、特約店・代理店制を活用して、図表5-1のようにして計画的に商品を販売しようとしてきた。

　メーカーは、各特約店に対して、前年度の実績を基に、売上目標を設定する。各特約店は、リベートを得るために割り当てられた売上目標を達成しようとする。例えば、図表5-1の特約店2は、2億円の売上を達成するため、取引先である120店の小売商への前年度の納品実績から各店へ何月までにどのくらい納

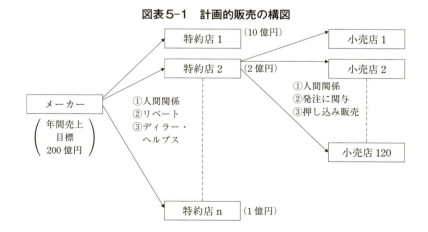

図表5-1　計画的販売の構図

品しなければいけないかがわかる。そこで，今までに小売商との間に形成した信頼関係をもとに，セールスマンの訪問受注の際にその商品を推奨するなどして受注してくる。

　また，中小スーパーが取引先にある場合などは，メーカーから得た拡売費で特売してもらって売上目標を達成しようとする。もし，期末になって売上目標を達成していない場合には，それまでの人間関係を生かして押し込み販売を行う。この場合，しばしば「翌月になれば返品してよい」という条件をつける。このようにして，結局，特約店は売上目標を達成し，リベートを得てきたのである。

　したがって，計画的販売を実現するためにメーカーが力を注いできたのは，特約店に売上目標を割り当てて，それが達成されるように管理することであった。このような特約店・代理店制が有効に作用していた時には，卸売商は中小小売商の良き相談相手であったし，中小小売商は品揃えや発注について卸売商に依存していたのである。また，卸売商は次第にメーカーの持つブランド力や製品開発力あるいはメーカーが卸売商に提供したリベートなどの各種誘因に依存するようになったのである。中小小売商は卸売商に依存し，卸売商はメーカーに依存するようになったのであるから，メーカーがもっとも依存されていた訳であり，そのため，メーカーが最もパワーを持っていたのである。

　メーカーは，代理店・特約店との関係は運命共同体であるという発想があったので，卸売商や小売商が利益を得て，経営が継続できるようマージン率を考慮して，メーカー希望小売価格と建値という「提案内容」を用意し，それを代理店・特約店に説明し，理解を求めるという「提案プロセス」を踏んで，それが代理店・特約店に受け入れられたため，実質的にチャネル・マージンの配分を決めていたのである。つまり，マーケティング・チャネルの中で最もパワーを持つものが結果的にチャネル・マージンの配分を決めていたのである。

　しかし，このような管理方式は，徐々に効果的でなくなってきた。そのため，しばしば，メーカーは「卸売商に販売力がなくなった」と評価するようになった。

　卸売商が売上目標を達成できなくなってきたのは，かつてのように「売り込

み」あるい「押し込み販売」ができなくなってきたからである。

　押し込み販売ができなくなった理由は，第一に小売商との間の人間関係の形成が困難になってきたからである。卸売商に依存して経営していた中小小売商が淘汰されて，卸売商との間に信頼関係が形成されていない各種DSやスーパー，CVSなどの新業態店が増加したからである。

　第二に，小売商が自分で発注するようになったからある。EOSの端末機で発注する小売商が増加するにつれて，卸売商は小売商の発注に関与することができなくなってきた。小売商との信頼関係と発注に関与してきたために，押し込み販売ができていたのに，それらがなくなってきたのであるから押し込み販売もできなくなってきたのである。

　このような現象が生じ，「パイプがつまっている」といわれ，メーカーは徐々に，自ら小売商と交渉し，小売店頭を重視するようになる。

　このように，チェーン小売業の成長によって，卸売業が良好な人間関係を構築したり，発注に関与することができなくなったために，結果的に押し込み販売ができなくなり，卸売業に販売力がなくなったのである。その他に，卸売業の販売力の低下の要因として，次の要因が指摘できる。

① メーカーは，商品の成熟化とともに，消費者ニーズの多様化に対するために市場細分化戦略とともに製品多様化戦略を推進してきた。メーカーによっては，製品多様化戦略は本来の需要拡大という狙いの他に，代理店・特約店にメーカーの力を見せつけるためであるという意見さえあった。しかし，メーカーの製品多様化戦略は卸売業から見ると次々に新製品が発売されることであり，それらのコンセプトや特徴をすべて小売業に正しく伝えることは困難であった。それが，メーカーからみれば販売力の低下という評価になるのである。

② 次々と発売される新製品とともに既存製品がある訳であるから，卸売業としてはそれらの中から小売店に消費者ニーズを捉える品揃え提案をする役割がある。この品揃え提案力が優れている卸売業もあるわけであるが，多くの卸売業はこの提案力が弱いことが特にPOSシステムの導入以来，小売業に知られてきたということが，卸売業の販売力が弱いという評価を

固定化させることになる。

このように，押し付け販売ができなくなった状況の中で，メーカーの製品多様化戦略に直面した卸売業はそれらの商品の情報提供も品揃え提案も十分ではなかったために，販売力の低下という評価をされることになる。それでは，メーカーはこのような状況の中で卸売業に何を期待するのであろうか。

2. メーカーの卸売業対応の変化

メーカーが各小売商までの配送をすることや，各小売商の信用状態を把握した上で確実に売上代金を回収するといった活動を卸売業の代わりに行うことは，現実的には無理である。そのため，メーカーが卸売業を排除してすべての小売商と直接取引をすることは不可能である。したがって，卸売業を活用せざるをえない。そこで，問題となるのは，メーカーが卸売業にどこまで期待するかである。

卸売業に物流と決済だけを期待するのであれば，メーカーとしては卸売業対応の上で大きな問題はないはずである。しかし，卸売業に販売力をも期待するとすれば，従来の人間関係とリベートとディーラー・ヘルプスというコントロール手段に何らかの修正を加える必要がある。メーカーが卸売業に販売力を求める状況としては，次の場合が考えられる。

① メーカーの規模が小さく，営業マンが少ないほど直接商談できる小売商の数は少なくなるし，有力な小売商の店頭管理などもできないので卸売業の販売力に対する期待は大きくなる。

② 業界の販路が低集中度販路である場合には，メーカーが小売商と直接商談をすることは少ないし，非効率であるため卸売業の販売力に対する期待は大きくなる。

③ 業界の販路が高集中度販路であれば，メーカーは大規模な小売商とは直接商談するのが普通となるし，ある程度の営業部員がいればパートなどを活用しながら店頭管理を行うことも多い。しかし，シェアが大きいメーカーほど直接商談できない中堅小売商や中小小売商での売上もシェアの維持の

ためには重要である。そのため，中小小売商に対する卸売業の販売力には期待することになる。

メーカーの中には，卸売業に対する期待は物流と決済だけであると明言するところもあるが，既述したように，高集中度販路における上位メーカーでさえ，卸売業の販売力に期待する部分があるのである。ただ，期待しすぎても必ずしもそのような結果にならないことも少なくないので，最初からあまり期待しないでおこうという姿勢があることも事実である。ここで確認しておかなければならないのは，従来のように卸売業が押し付け販売をすることができなくなってきていることである。このような変化の中で，メーカーは卸売業にできるだけ販売力を持ってもらった上で，それらの卸売業をコントロールするためにどのような手段が有効であると考えているのだろうか。調査結果を見たうえで，卸売業対応の変化方向について検討する[1]。

90年頃まで有効であった卸売業コントロール手段としては，「人間的つながりを強化すること」，「販促リベートを提供すること」，「目標達成リベートを提供すること」などが上位にあがっており，従来の人間関係とリベートとディーラー・ヘルプスでコントロールするという姿が鮮明にあらわれている。

しかし，これから有効になるコントロール手段となると大きな変化が見られる。最も大きな支持を集めているのは，「利益に貢献する商品を開発する」ということである。これはメーカーとしての基本であるから，これを除外して考えると上位にきているのは次の通りである[2]。

① 情報ネットワーク化を促進すること（75.2％）
② 特約店の情報部武装化を促進すること（66.4％）
③ 業績改善のための提案をすること（47.8％）
④ 特約店を集約化すること（42.5％）
⑤ 特約店の経営相談に応ずること（32.7％）
⑥ 研修を開催すること（31.7％）

これら①から⑥の手段はバラバラに行うものではなく，互いに関係しているものと考えられる。つまり，情報武装化の支援や情報ネットワーク化の構築というのはすべての卸売業と行うものではないので，当然，これらのことを行う

卸売業と行わない卸売業が選別されて，そこで実質的に集約化が行われるということである。そして，集約化した卸売業に対して業績改善の提案を行ったり，経営相談に応じたり，研修を行うということである。つまり，卸売業の集約化と情報ネットワークの促進である。集約化するためには，どの卸売業がこれから成長して行くのかを見極めることも重要になる。また，チェーン小売業との取引をメーカーとして重視しているのであれば，チェーン小売業対応のできる情報・物流システムをもっている卸売業を中心に集約化していくことが必要となってくる。また，集約化していく場合には，卸売業ごとに取引条件を変えて，取引を中止したい所に対しては相対的に厳しい取引条件にしていく場合が多いようである。

　このように，集約化した卸売業と情報ネットワークを構築していくことが非常に重要になってきている。卸売業との情報ネットワークの構築には費用がかかるが，次のようなメリットがある。

(a)　情報ネットワーク化することによって，どの卸売業が，いつ，どの小売商に対して，何を，いくらで販売したかがわかる。このことはメーカーの支店の業績評価のうえでも有益である。

(b)　また，卸売業を客観的に正しく評価することができる。そして，客観的評価に対応した正当な対価を支払うことができるようになる。

(c)　メーカーのチャネル戦略の方針，例えば新製品を適正な価格で販売したいとか特定の業態への販売を拡大したいといった方針に対してどの程度，どの卸売業が貢献してくれているのかがわかるので，対価の支払い方次第である程度，自社の戦略方針に沿った行動をとってもらえる可能性が高くなる。つまり，「操作性」がでてくるのである。

(d)　素早く卸売業の販売データが収集できるので，それに基づいて売上予測を修正し，生産調整をすることができるようになる。これができるようになると，メーカーとしての欠品を防止できたり，工場在庫の削減ができるというメリットが生じる。

(e)　チェーン小売業との商談において，何がどのくらいチェーン小売業のどの店舗に納品されたかが分かることによって，チェーン小売業のPOS

データを基にした商談に対抗することができるようになる。

つまり，メーカーはかつてのように卸売業に対して，販売力をあまり期待しなくなってきている傾向がある。この傾向は高集中度販路を形成している業界ほど強い。しかし，低集中度販路を構成している業界では，卸売業の販売力に対する期待は相変わらず大きいと思う。全体の傾向としては，卸売業対応の重点は，「計画的販売」から「情報の共有化」へ移行してきていると考えられる。

3. 卸売業対策中心からチェーン小売業対策中心へ

配荷店数最大化の原則が有効であった状況では，非常に多い中小小売商の育成・管理をメーカーが直接することは不可能だったので，卸売商に代行してもらうほうが効率的であった。そのため，いかにして有力な卸売商を組織化し，育成し，自社に協力してもらうかがチャネル戦略の中心であった。つまり，卸売業対策が中心だったのである。

しかし，チェーン小売業の出店地域の拡大と成長が主な原因となって，消費財卸売業のかつての経営原則，特に横の棲み分けの原則とバランスのとれた販路構成の原則は崩壊した。この経営原則の崩壊の中で，広域営業する卸売業も出現し，卸売業の業績格差は拡大した[3]。

広域営業する卸売業の出現は，メーカーの支店・営業所管理の前提であった管轄内流通を崩壊させるように作用した。また，卸売業の業績格差は，メーカーの卸売業の再編を促すようになる。このような状態の中で，メーカーは卸売業に販売力がなくなってきたと評価するようになった。そのような評価が生まれた直接的な原因は，卸売業が押し込み販売ができなくなったこと，あるいは小売業をコントロールできなくなったことであるが，それを誘発した要因としては，既述したように①新しい小売業態の登場と成長，②チェーン小売業の広域化，③チェーン小売業の大規模化，④メーカーの製品多様化戦略，が指摘される。

卸売業の販売力の低下や卸売業の小売コントロール力の低下は，特に高集中度販路化した業界において顕著であった。

このような状況の中で，高集中度販路化した業界においては，消費者の買物行動が変化し，メーカーから見ると自社商品の売れる業態がはっきりとし始め，あるいは地域毎にみれば売れる店舗が明らかになり始める。そうなると配荷店数を最大化することは必ずしも有効ではなくなり，むしろ，売れる業態ないし店舗での店頭露出の最大化が有効になる。つまり，売れる店舗の定番ゴンドラでいかに優位な位置にいかに多くの自社商品を並べられるか，ゴンドラエンドの特売を何回展開できるか，また，大陳を年に何回とれるかが，より重要となってきたのである。

チェーン小売業の店頭露出の最大化がメーカーにとって重要になると，メーカーの販売代理業としての卸売業には限界が生ずる。なぜなら，競争関係にある複数のメーカーの製品を品揃えしている場合，それぞれのメーカーの店頭露出の最大化を一卸売業が実現することはできないからである。Aメーカーの製品の店頭露出の最大化を実現してあげれば，BメーカーやCメーカーの店頭露出の最大化は自ずとできないことになる。このように，たとえ卸売業に販売力があっても，店頭露出の最大化がメーカーにとって重要になればなるほど，卸売業は競争関係にあるすべてのメーカーの目標を達成してあげることはできない。

したがって，計画的販売のためにはメーカーは自らチェーン小売業に対して各種の営業活動をせざるを得なくなるのである。つまり，チャネル戦略の焦点は，卸売業対策からチェーン小売業対策へと移行したのである。

注記

1) 流通政策研究所（1989）『情報化の進展に伴うチャネル・コントロールに新原理に関する研究報告書』31ページ。
2) 同上書，31ページ。
3) 消費財卸売業の経営原則については，住谷 宏（1996）「消費財卸売業の経営定石の崩壊」『経営論集』42号に依拠している。

第6章
消費財メーカーのチェーン小売業への営業活動とその変化

　前章で，消費財メーカー，特に加工食品，菓子，トイレタリー，家電といった高集中度販路を形成している業界では，チャネル戦略の焦点が卸売業対策からチェーン小売業対策へ移行したことを説明した。そこで，ここでは，まずメーカーがチェーン小売業との取引でどのような活動をしているのか，またそれがどのように変化してきているのかを確認しておきたい。

第1節　「店頭露出最大化の原則」実現のための活動

　消費財メーカーのチャネル戦略の目標は，毎年企業内で与えられる売上あるいはシェア目標を長期的に達成しやすくすることにおかれていることが多かった。

　そのため，高集中度販路において売上目標を効率良く達成するためには，売れる店舗ないし業態が明白になってきているので，その店舗での店頭露出の最大化がチャネル戦略の重要課題となる。スーパーを念頭に置けば，店頭露出の最大化のためには，まずチェーン小売企業のマスターファイルに商品を登録してもらうことが必要である。その上で，次の（1）～（5）の売場での露出が重要となる。また，さらに露出を多くするために（6）～（8）の方針が採用され，実行される場合もある。

(1) 定　　番

　多くのスーパーでは年に2回程度定番売場の棚割りを決めている。メーカーにとっても小売企業にとっても，最も基本的な売場である。メーカーは，商品コンセプトの明確化とその伝達，TV広告などのプロモーション計画の伝達，棚割りの提案などをその中心活動としているが，同時に自社商品をどこのカテゴリーに分類すべきかという提案，数店での実験結果あるいはテストマーケティングの結果の伝達など数多くの活動をしている。もちろん，それらをより良く小売企業に伝えるために個別小売企業ごとにメーカーに来てもらって，高密度のコミュニケーションを取るなどの努力をしている。いわゆる選定会前の招聘プレゼンテーションなどである。また，定番維持活動もメーカーにとっては重要となっている。

(2) エ ン ド

　エンドあるいはゴンドラエンドは，1～2週間ごとに，テーマを変え，陳列を変え，飾りを変えなければならない。そのエンドは，食品スーパーでも30～40カ所ある。そのため，メーカーや卸売業者の関与の余地が出てくる。

　メーカーからすれば重要な売場である。そのため，販促カレンダーを理解した上で，1年間52週のエンド企画をあらかじめ計画しておくことが極めて重要である。メーカーによっては，「エンドの定番化」を戦略的に実施している。チェーン小売業の特定のエンドを1年間任せてもらうという提案である。またメーカーによっては，TV広告の年間スケジュールに連動させたエンド提案を行っているところもある。ある時期に，特定の商品を中心にTV広告をすることが決まっていれば，その時期にはその商品を中心にエンド提案を展開するというものである。この発想は極めて斬新であり，これからますます重要になっていくと思う。その他に，地域催事を把握して，それに対応するエンド提案なども小売店に喜ばれている。

　また，メーカー主催のエンド陳列コンテストも多くの企業で行われている。一定の期間に，店舗ごとにそのメーカーの商品でエンド陳列してもらって，その優劣を決めて，優秀な店舗を表彰するものである。ピジョン，ヤマサ，グリ

コなど多くのメーカーが行ってきている。このコンテストを主催することによって，エンド陳列してもらえる小売店が増えるので，売上向上に直接寄与する。

(3) 大　　陳

催事売場での大陳を年間，何回実施できるかは，メーカーにとってとても重要である。そのため，各社とも季節に合わせ，チェーン小売業に対しては実施時期の約3カ月前に提案している。ただし，商談で決まっても，すべてそのとおり実施されるとは限らないので，メーカーとしてはより重要な店舗から大陳特売を確実に実施してもらうように店頭フォローをする必要がある。

また，大陳を実施するためには，人手が必要となり，作業も大変なので，最近は，催事売場の平台に陳列するだけの小売店が多くなっている。

(4) レ ジ 前

乾電池，タバコ，使い捨てパイプ，雑誌，冬だとマスクなどの季節小物，喉飴・ガムなどポケットにはいるお菓子などにとっては，レジ前の陳列は極めて重要である。このコーナーは極めて露出の多い（買物客の目に触れる場所）場所なので，これからも様々な商品の提案があるものと思われる。

(5) アイランド

買い物カートを利用して買い物をする人が多い店舗では，買物客の歩行の迷惑になることもあって，かなり多くの小売店ではアイランド陳列をしていないようであるが，アイランド陳列を実施している小売店に対しては，このアイランド陳列の提案をすることも店頭露出の最大化に貢献することになる。

(6) クロスマーチャンダイジング提案

通常は陳列することができない場所に自社商品を陳列する1つの方法が，このクロスマーチャンダイジング提案である。多くの食品メーカーは，このクロスマーチャンダイジング提案に力を入れている。その理由は，小売企業がクロ

スマーチャンダイジングは消費者の買い上げ点数の増加に貢献すると認識しており，この提案を受け入れてきているということ，また，メーカーからすれば販売価格を引き下げる必要のない販促であること，そして，買物客の目に触れる場所に露出できること，また，確かに自社商品の販売個数も増加するという事実などが指摘できる。提案の仕方，取り組みの仕方によっては，小売店の売場活性化に貢献することもできるし，小売企業との長期的関係作りにも発展する可能性がある。そのため，ますます重要な販促提案になってきている。

メーカーが1社で行うクロスマーチャンダイジング提案は，通常，自社で販売したい商品があって，その商品と生鮮青果などとのクロスマーチャンダイジング提案をするのが通常であるが，味の素は，①自分の売りたいものの提案ではなく，小売の売りたいものを事前に調査して，そのクロスマーチャンダイジング提案をする，②味の素は，基礎調味料を持っているので，どんな料理のメニュー提案も可能である，そのため，味の素のクロスマーチャンダイジング提案はチェーン小売業から評価が高い。

(7) マネキン販売

(6)と同様に，通常は陳列することができない場所に自社商品を陳列する1つの方法である。試食販売が多いので，食品メーカーが採用することが多い。これは，小売企業も店内が活気づくということで歓迎することが多い。ただし，マネキンの派遣費用はメーカーの負担なので，メーカーからするとコストがかさむのが問題である。

(8) 棚の拡張提案

カテゴリーNO.1のメーカーが採用する事が多い手法である。自社商品カテゴリーを購入する買物客の客単価がそうでない買物客の客単価よりも高いことをデータで示して，当該カテゴリーの棚の拡張を提案するメーカー，あるサブカテゴリーの売上が好調であり，将来的にも一層の売上増加が見込まれることをデータで示して，棚の拡張を提案するメーカーなどがある。棚の拡張が実現できれば，カテゴリーNO.1のメーカーの露出が最も増えることになる。

このように，様々な提案活動をしながら各メーカーが棚や売場スペースの奪い合いをしている。当然ながら，ロングセラー商品をもっているメーカー，強いブランド商品をもっているメーカーが有利になるので，各社ともブランド力の強化，魅力のある新製品開発に努めている。

第2節　チェーン小売業対応の実際とその変化

メーカーは，既述の他にも様々な活動をチェーン小売業に対して行っている。それらの中でどのような活動が有効だと認識しているのか，また，それは変化してきているのかどうかを調査結果から確認したい。

1. 1980年代末の状況[1]

図表6-1は，1989年までに有効であったと認識された量販店対応の手段が示されている。これをみると，「バイヤーとの間に個人的に良好な関係を構築すること」（47.4％）が最も有効であったことが理解される。その親密な人間関係を利用して，「積極的な販促企画の提案」（39.0％）をし，その提案を受け入れてもらおうという構図である。親密な人間関係の構築のためには，一緒に食事にいくとかゴルフにいく等という接待もあったろうし，また，なるべくバイヤーとの接触時間を増やすことを意図した企業も多い。そのためには，訪問頻度を多くすることも必要であるし，商談日以外に会うためには，自社に来てもらうことも有効であった。自社に来てもらうためには，バイヤーが必要としそうな情報を整備しておくことが重要であった。また，当時は「お付き合いPB開発」というものもあった。これは，小売企業によっては，バイヤーに年間の開発PB商品数をノルマにしていたので，メーカーがバイヤーの目標達成を支援するという意味で，PB提案をしていたものである。

1989年以降有効になると思われていた手法は，図表6-1にみられるように，それまでの手法とは異なるものがより有効になると考えられていた。「販促企

第6章 消費財メーカーのチェーン小売業への営業活動とその変化　93

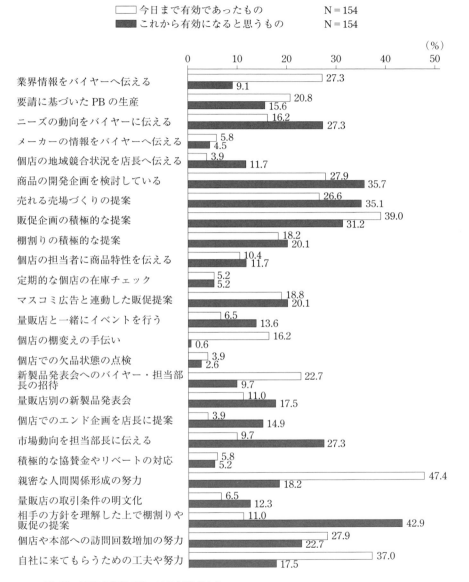

図表6-1　量販店対応策について

（出典）流通政策研究所，1989年調査より。

画の積極的提案」(31.2％)は，相変わらず有効であると認識されているが，親密な人間関係の形成よりも，情報交換を密にすることの方が重要であると認識されていた。それらの活動は，「消費者ニーズの動向をバイヤーに定期的に伝えること」(27.3％)や，「市場動向を商品部長に定期的に伝えること」(27.3％))，そして「取引相手企業の方針を理解した上で，棚割り提案をすること」(42.9％)である。

　小売企業の方針を理解した上での提案というのは，メーカーからすれば一歩進んだ考え方である。メーカーはどちらかというと，メーカー発想に基づいた自社商品の売り込みに専念するあまり，相手の方針などを考えずに一方的な売り込みが多かったので，この考え方はその意味でメーカー発想からの脱却であり，進歩している考え方だと思う。また，「商品の開発企画をバイヤーと一緒に検討する」(35.7％)というパターンもある。食品メーカーなどは，有力チェーン小売業のバイヤーに対し，「コンセプト商談」(新製品のコンセプト開発の段階で，バイヤーの意見を聞く)，「白物パッケージ商談」(商品の内容が開発された段階で，パッケージはまだ決まっていない状態で，バイヤーの意見を聞く)，「完成品商談」(商品の内容もパッケージも決まった段階での商談)と3段階で行っているメーカーが少なくない。家電製品なども，木型の段階で有力スーパー企業のバイヤーの意見を聞くことが多い。このような，一種のバイヤー参加型の商品開発をした方が定番導入がスムーズに行くからだという理解もある。また，これはCVSとの商談でメーカーが学んだ手法だという解釈もある。

　このように，親密な人間関係の形成とそれを基にした積極的販促提案というパターンから，情報交換を密にして，相手をよく理解してから各種提案をし，商品開発でも完成品ができてからの商談ではなく，それ以前にバイヤーの意見を聞いて，それを商品に反映させようという方針への転換が必要であるという認識がこの調査からみられる。

　このように，メーカーは量販店対応を変えようとしているが，それを実現して行くためにどこを強化しようとしているのだろうか。図表6-2にその調査結果が出ている。情報交換を密にし，相手を理解するために，トップ同士の会談，部長同士の意見交換など，メーカーの量販店担当者とバイヤーだけの交渉から，

組織階層別のコミュニケーションが必要だという認識が出ている。もちろん，ここに出てくるというのはこの当時としては課題であったということである。ただ，このような認識は量販店と企業対企業で取り組む必要があるということを意味していると考えられる。マーチャンダイジング支援部署というのは，小売店頭の各種調査や実験をしたり，棚割り提案の企画を作ったりする部署である。これが量販店対応部署のほかに必要であるという認識が広がっている。量販店対応の教育システムは，担当者のレベルアップのために必要であるが，永遠の課題となる可能性もある。この調査からは，今後の量販店対応のために，企業対企業の取引にしていくように，各階層ごとのコミュニケーションを図ることと，量販店に提案するための情報開発の部署が必要であるという認識があることが理解される。

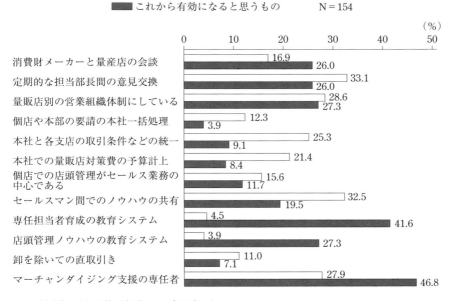

図表6-2　量販店対応策のための組織体制について

今日まで有効であったもの　N＝154
これから有効になると思うもの　N＝154

項目	今日まで有効であったもの (%)	これから有効になると思うもの (%)
消費財メーカーと量産店の会談	16.9	26.0
定期的な担当部長間の意見交換	33.1	26.0
量販店別の営業組織体制にしている	28.6	27.3
個店や本部の要請の本社一括処理	12.3	3.9
本社と各支店の取引条件などの統一	25.3	9.1
本社での量販店対策費の予算計上	21.4	8.4
個店での店頭管理がセールス業務の中心である	15.6	11.7
セールスマン間でのノウハウの共有	32.5	19.5
専任担当者育成の教育システム	4.5	41.6
店頭管理ノウハウの教育システム	3.9	27.3
卸を除いての直取引き	11.0	7.1
マーチャンダイジング支援の専任者	27.9	46.8

（出典）　流通政策研究所，1989年調査より。

2. 1990年代中頃の状況[2]

　1989年から6年後に同様の調査を行った。その結果が，図表6-3に出ている。有効であった手法としては，「バイヤーとの親密な人間関係の形成」(21.7％) は，構成比は6年前の半分ぐらいになって，有効性は低下していると考えられるが，6番目に出ている。「積極的販促提案」(37.3％) や6年前にこれから有効になると考えられていた「棚割り提案」(22.9％) も有効になってきている。6年前に，今後有効になるとは考えられていなかった「店頭フォロー」(31.3％) や「協賛金やリベート要請に積極的に対応すること」(24.1％) が有効であると出ている。

　どちらも非常にコストが直接かかることである。チェーン小売業はメーカーとすると大量に商品を販売できる販路であるが，同時に非常にコストがかかる販路になってきていることを示している。バブル崩壊後の小売段階での熾烈な価格競争が，小売企業を一層リベートや協賛金要請に走らせたのかもしれない。また，小売段階での競争激化が地域の消費者ニーズに合った品揃えをすべきだという考え方の基に各店舗の裁量権を拡大し，それが店頭フォローの有効性を高めたのかもしれないし，あるいは人時生産性を基準にした店舗運営をする小売企業が多かったので，店舗での作業協力をするメーカーの商品が優位に立てたのかもしれない。この間に，メーカーの店頭での価格維持は既述したように困難になってきていたので，予定した利益が確保しにくい状況で，コストが非常にかかる状況になってきていることを示している。

　このような状態で，メーカーはどのようにチェーン小売業に対応しようとしているのだろうか。図表6-3に表れているように，「企業として量販店政策をどうするのか」(60.2％)，これを明確にすべきだという意見が圧倒的に多くなっている。それ以外では，「付加価値の高い商品作り」(51.8％) であるとか「バイヤー参加型の商品開発」(43.4％) が支持されているだけで，6年前の調査のような積極的方針が出てきていない。マーケティング・スタッフの困惑が見て取れる。

　したがって，今後強化したいものも，かつてとは大幅に異なっている。図表6-4を見ると，困惑する状況の中で，「戦略的同盟」(21.9％) という当時の流

第6章 消費財メーカーのチェーン小売業への営業活動とその変化　97

図表6-3　量販店との商談において成果を高めるために有効な方法

□ 今日まで有効であったもの　N＝105
■ これから有効になると思うもの　N＝105

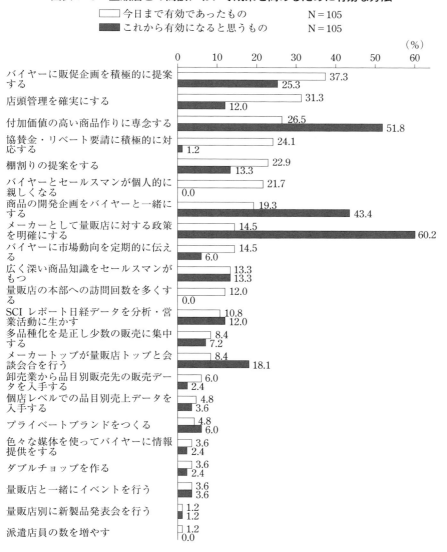

（出典）（社）日本マーケティング協会，1995年調査より．

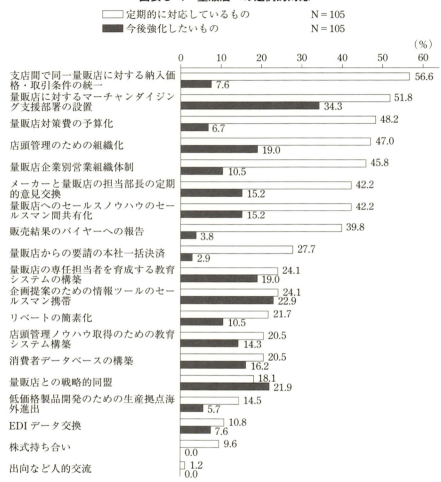

図表6-4 量販店への定例的対応

(出典) (社)日本マーケティング協会,1995年調査より。

行語を支持する姿勢がある。これによって，コストがかかり過ぎる販路の問題が解決できればという期待の表れとも見ることができる。また，「消費者に関するデータベースの構築」（16.2％）という項目への支持も出ている。よく言われるように，小売企業は販売データ（POSデータ）をもっているが，消費者情報を持っていないので，ここを強化することでメーカーの交渉力が強化されるという考え方がある。そのために，このような意見が出ていると思われる。これは，確かにメーカーとしての今後の1つの方針である。また，チェーン小売業担当者の情報力を高めるために「ラップトップパソコンを携帯させること」（22.9％）にも支持がある。これもバイヤーの各種質問に即座に答えるために必要となるかもしれない。このような項目が，6年前には出て来なかった考え方である。戦略的同盟にしても，消費者データベースの構築にしても，企業としての大きな方針であって，チェーン小売業対応部署だけでは意思決定できない問題である。正に，今後の有効な手段のところで出て来ているように，企業としての量販店（チェーン小売業）政策を明確にすることが最も重要になって来ていた。

3．2000年頃の状況

　成熟期にある商品が多い状況では，売上が毎年増加しないのがむしろ普通になってきていた。そのため，計画的利益確保がより重要となってきていた。実際，この数年，品質を落とさずにいかに原材料費や加工費を削減できるかに努力してきた訳だし，多くのメーカーは営業マン数を削減し，取引条件の見直しをして，利益確保を図ってきている。同時に，高集中度販路化してきているだけに，小売企業のバイイング・パワーはますます強くなってきている。98年7月にローソンに対して排除勧告がでたが，そこで98年1月の「無償納品」要求，2月の約10億円のリベートの取得などが事実として報道された。リベート要求の背後にはセンター使用料の問題があったことも明らかにされた。これからも形を変えたバイイング・パワーが発揮されることは当然予想されることである。それだけに，売上目標達成のためのチャネル戦略だけでは不十分なのである。

利益目標達成のためのチャネル戦略を強く意識していかなければならない。

それでは，メーカーはチャネル戦略の中で，利益を考えなかったのかというと，そうではない。低集中度販路においては巧みに利益目標を達成してきていたのである。その原則は流通業者をコントロールすることにあった（流通系列化の原則と取引条件の非標準化の原則）。また，その仕組みを巧みに作っていたのである。しかし，その方法は高集中度販路においては通用しない。むしろ，低集中度販路での手法を採用すると，利益の低下に導きやすい。主導権はチェーン小売企業にあるのである。そこで，高集中度販路における利益目標達成のためにチャネル戦略の新たな経験則を捜し求めているのだが，それが発見されていない状況にある。

そのような中，①営業マン数の減少，②取引条件の見直し[3]（コスト・マイナス法からコスト・プラス法に変えるという方法はメーカーからすれば，価格コントロールの放棄戦略とも解釈できる），③チェーン小売企業との年契を廃止したメーカー，④特定の小売企業対しては定番商談はするが，特売商談をしないという方針を打ち出したメーカー，⑤特定の小売企業に対しては出せる条件を最初に出して，それで商談が成立しなければ，それ以上の商談をしないというメーカー，このような事が生じていた。①の方策は，長期的にはマンパワーの低下のために，店頭露出の最大化にとってはマイナスである。②の方策は，流通業者の協力が得られなくなる可能性がある。③の方策は，小売企業とのウチウチの関係がなくなる訳であるから，商談回数，バイヤーとの接触頻度が減少する可能性が高い。④の方針を採用するメーカーは明らかに，その小売企業での販売額は減少する。⑤の方針を採用するメーカーは，同様にその小売企業での販売額が低下する可能性がある。いずれも，売上目標達成のためのチャネル戦略とは逆行する行動や方針である。しかし，利益目標達成には貢献する可能性が高い。利益目標達成のためのチャネル戦略は，高集中度販路では羅針盤のない航海のような状態であるが，いろいろなメーカーが行動し始めてきていることが伺える。

このような状況の中で，取り組み，戦略的同盟・戦略提携，チャネルリンケージ，ECRなどが話題を集めてきていた。

4．2000年以降のメーカーのチェーン小売業対応の状況

　図表6-5のバイヤーの年契の達成意識の変化に，2000年以降の消費財メーカーのチャネル戦略の変化を見ることができる。年契は，かつては制度だった。例えば，そのメーカーにとっての大手10～20チェーン小売企業とは毎年，年契を結ぶと決まっていた。それが，メーカーにとって，計画的生産に対応する計画的販売に貢献するものと考えられていた。このメーカーの考え方を察知していたチェーン小売企業は，98年調査にみられるように，それほど強く年契達成を意識することもなかった。その上，年契を達成しなくても，達成した場合に振り込まれる金額をすでに予算に入れてあるということで，その金額をメーカーに要求していた。メーカーも話し合いをしながら，結局支払うことが多かったようだ。

　しかし，2007年12月に行った調査では，バイヤーがかつてに比べると強く年契の達成を意識するようになったことが理解できる。メーカーは，次年度の年契を結ぶかどうかは成果をみてから決めるように変化していたのである。また，年契の達成意識がないところとは結ばないと意思決定したメーカー，契約通りにすると主張するメーカー（目標を達成しないチェーン小売業には契約書どおり1円も提供しない），棚に陳列できるフェース数のうち一定のシェアを

図表6-5　バイヤーの年契達成意識

	07年 (N = 129)	98年 (N = 117)
常に年契を達成することを意識している	26.1%	14.6%
商談の度に意識させられる	20.7%	14.6%
1ヵ月に一度は年契の達成のことを意識する	22.5%	26.8%
四半期か半年ごとに意識する	17.1%	36.6%
基本的には意識しない	13.5%	7.3%

（出典）　1998年の調査主体は，（社）日本マーケティング協会。
　　　　2007年の調査主体は，ダイヤモンド・フリードマン社。
　　　　どちらもバイヤーを対象にしたアンケート調査。

保証するなら年契を結びましょうと主張するメーカーなど，従来とはまったく変わった姿勢で臨むメーカーが増えている。年契は制度から選択へと大きく変化したのである。

　この年契への姿勢の変化の背後にあるのは，日本の人口減少という大きな人口動態の変化である。毎年，人口が減少していくのである。シェアが同じなら，メーカーの売上は減少するのである。企業として成長を目指すのなら，海外投資を増やし，海外に出ていくしかない。日本のメーカーの多くは，海外投資の原資を獲得するためにも，国内で各種の合理化を実行し，利益を多く獲得するようにしなければならなくなった。

　その一方で，チェーン小売企業は巨大化する。彼らの販売力はますます強力なものになり，それを武器にバイイング・パワーを発揮してくる。従来のやり方では，メーカーは十分な収益を上げることができない。

　そのために，ブランド数の削減，生産品目数の削減，販売費の削減・合理化を進めてきている。そのため，営業マン数の削減や営業拠点数の削減あるいは広告費支出の削減に動くメーカーが増加している。また，流通業者への支出を減らす必要があるため，卸売業へのリベートの削減に動くメーカーが増加した。コスト・マイナス法は限界に達したのである。今や，メーカーが卸売業を支援して，卸売業を守りたいと考えているところは極めて少ないはずである。その動向の一貫が，既述したチェーン小売企業との年契の見直しにもつながっていくのである。

　この流れの中で，メーカー間の水平的協力関係は活発になってきている。原材料・消耗品の一部を共同購入するメーカー，物流の共同化をしてコストダウンを図るメーカーなど水平的に協力してコスト削減をしようとするメーカーが後を絶たない。

　また，チェーン小売業に対する販売活動でもメーカー間の共同販促が盛んになってきている。例えば，2015 〜 2016年のメーカー間の共同販促の事例をいくつかあげると次のようなものがある[4]。

① キリンと味の素・森永製菓（2015年夏）

キリンは，味の素や森永製菓と組み，生活シーンに合わせた売場作りを提案した。ビールの一番絞りでは餃子とから揚げと一緒に売る。食品スーパー3000店で展開。「夏はギョウザとキリン一番絞り」というPOP。2014年に行った時には前年比25％増だった。

② ケロッグとグリコ（2016年4月）

珍しい組み合わで，ケロッグとグリコが，ケロッグの「フルーツグラノラ」にグリコの「アーモンド効果」をかけて食べる朝食を共同で販売促進。4月中に，サミットストアの主要店舗30店で約6,000食の試食を配ばる。シリアルとチルド飲料の売場で試食を展開。結果がよければ，この販促データを使って，他の小売店でも展開。5月には，大学の学食でも両社の商品を使ったメニューを提供する計画。

③ 伊藤ハムと味の素（2016年9月）

味の素の「味の素　コンソメ」と伊藤ハムの「The　グランドアルトバイエルン」の組み合わせで，「スープごろごろスープ野菜」（洋風スープにジャガイモ，ニンジン，キャベツ，セロリをいれ，ウインナーをいれた鍋）の共同販促をスーパー約1,000店で展開。ウインナーは朝，食べられることが多いが，夕食にあまり食べられていない。そこで，夕食時にウインナーを食べてもらえるように，冬用のコンソメとウインナーを使ったメニュー提案をしようという企画。ウインナー売り場でPOPを掲げる。要望があれば試食も順次行う。ハム・ソーセージ類は試食販売が多いので，それに慣れているだろうし，冬場の新しい簡単メニューとして狙っているアラフォー世代に受け入れられる可能性が大いにある。

さらに，情報共有を機会にメーカーがチェーン小売企業と協力する動きが次々と報道された。例えば，2004～2005年の間だけでも次のようなことが生じた[5]。

① 2004年秋，ローソンが主要メーカー15社と卸売業5社と「販売情報」「販促情報」の共有化を始めた。ローソンは，物流センターからメーカーへの返品が年間約50億円分あり，主要15社だけで16億円もあるので，これを8億円に減らすために情報共有を始めた。セブンイレブンは1992年から約200社と，ファミリーマートは2003年から約90社と実施している。

② ロフト，2003年秋から，自社で取り扱うNBがロフト各店でどの程度売れ，どれだけ在庫が残っているのかを取引先メーカー・卸売業がインターネット経由で毎日確認できる情報システムを整備，2004年秋からは売れなかった商品についての情報も提供し始めた。ロフトの取引先約690社に提供。これによって店舗在庫が5~6％削減。なお，ロフトの扱い商品約15万品目で，店頭に陳列される商品は6~7万品目である。

③ キガケーズデンキは，大手家電メーカーすべてを含む20社と販売予測に基づく計画発注をしており，それが在庫削減と販売増に結びついている。3カ月前からから販売予測。その後，1週間ごとに修正。この情報をメーカーと共有している。

④ ソニーは，デジタル家電の販売額の8割を占める約30社の小売企業から販売・在庫データの提供を受け，それを活用し，計画生産・計画販売をしている。

⑤ イオンは2005年に，PBの日用雑貨・加工食品メーカーを中心とする約160社に，PBの販売予測情報の提供を始めた。狙いは，販売好調なPB品を確実に確保し，同時に流通在庫（センター在庫の2割減）を減らすこと。イオンの物流センターが出す予測をメーカーがいつでも見られ，納入期日の数週間前には固定。この予測をもとに数日前に自動発注。注文分は買い取り。そのため，メーカーは安心して計画生産が出来る。

⑥ 西友のJBP（Joint Business Plan）が新製品の販促に焦点を絞り始めた。JBPとは，西友が主要取引先60社と商品の販促・物流・在庫管理にチームで取り組むもので，この新取引形態を導入して1年が立つ。西友とメーカーで，販売数量・陳列・販促手法を協議。売上高・粗利益・在庫の目標を共有。担当者・役員・トップが定期会合で成果を検証している。西友は，発売時のスター

トダッシュに西友全店の販促を合わせ，約束した数量を売り切る。2005年秋，西友は，リテールリンク（各店舗の在庫・販売情報を取引先メーカー800社に対してリアルタイムでネット上に開示・共有する）と接続し，関東地区の150店舗で加工食品，日用品，住居関連など500-600品目の補充を自動化した。加工食品・日用品の4割までを自動補充する。

　このように双方にメリットがある場合，情報共有を基本にして，在庫の削減，売れ筋商品の欠品防止，物流の合理化，販促企画の充実などをメーカーと小売企業が協働で推進していこうという動向がある。

　メーカーは，すべてのチェーン小売企業と同じように取引をしようとする全方位のチャネル戦略から脱却し始めている。チェーン小売企業の研究をし，それぞれの小売企業とどのような関係性を構築しようとするのかという方針が出始めてきているように考えられる。それが年契の変化に表れているし，情報共有を基本とする小売企業との協働にも表れている。

注記

1) この項で参考にしている1989年調査とは，流通政策研究所がメーカーのマーケティング・スタッフに対して1989年の11月にアンケート調査したもので，有効回答数は154である。これらの調査は，プロジェクト研究の一環で行われたものであるが，筆者はプロジェクトマネジャーとして参加している。
2) この項で参考にしている1995年調査とは，（社）日本マーケティング協会が，会員社のメーカーのマーケティング・スタッフに対して1995年3月にアンケート調査したもので，有効回答数は105である。これは日本マーケティング協会主催の研究会の研究調査の一環として行ったもので筆者は，研究会のコーデネーターとして参加している。
3) この点について，まとまって記述されているものとしては，渡辺達朗（1997）『流通チャネル関係の動態分析』千倉書房，根本重之（1996-1997）「最寄品メーカーの取引制度改定に関する試論」『流通情報』NO.328, 330, 332, 335, 337，などがある。
4) この3つの事例の引用先は，次の通りである。①は『日経MJ』2015年6月21日号，②は『日経MJ』2016年4月8日号，③は『日経MJ』9月2日号による。
5) この6つの事例のそれぞれの引用先は，次の通りである。①は『日経MJ』2004年9月21日号，②は『日経MJ』2003年5月20日号，③④⑤は『日経MJ』2005年2月18日号，⑥は『日経MJ』2005年3月30日号による。

第7章
チャネル構成員間の依存関係と信頼

 メーカーとチェーン小売業とのパワー関係を理解するためにも，メーカーとチェーン小売業との間の資源の依存関係，及びそれが近年どのように変化してきているのかを検討していきたい。その上で，チャネル構成員間の信頼関係について実証的に検討していきたい。

第1節 消費財メーカーとチェーン小売業の依存関係

1. メーカーがチェーン小売業に依存する資源

 ここでは，メーカーがチェーン小売業を経て，消費者に商品を販売することを前提に考える。この場合，メーカーがチェーン小売業に依存するのは，第一にチェーン小売業の販売力（あるいは集客力）である。計画的に生産したものを計画的に販売しようとすればするほど，販売力の大きいチェーン小売業が重要となり，相対的に販売力の小さい小売業よりもより依存する度合いが大きくなる。
 第二に，メーカーはチェーン小売業に消費者への情報伝達の一部を依存する場合が多い。それは，小売業の従業員による推奨販売であったり，メーカーが作成したポスターや各種POPの店内ないし棚への掲示であったりする。また，

時には，チェーン小売業の店内にテレビモニターを置いてもらって，メーカーが作成したビデオを放映してもらうこともある。また，食品・飲料にみられる試食・試飲販売も小売業の協力を必要とする。このように，消費者への情報伝達の一部をメーカーはチェーン小売業に依存している。

　第三に，メーカーは消費者に関する情報収集の一部をチェーン小売業に依存する場合がある。具体的には，消費者の商品に対する苦情情報であったり，チェーン小売業のPOSデータの分析からのメーカーへの提案，あるいはPOSデータの提供であったりする。特に，CVSチェーンからメーカーへの提案は食品・飲料の分野では多い。例えば，スナック菓子はカップ容器に入ったものが売れるという提案があって，多くのスナック・メーカーがカップ容器に入った形状のものを発売している。もちろん，メーカーもそのような提案に合理性を見いだして自らの意思で開発したのであろうが，CVSチェーンの提案がそのきっかけになっていることも確かであろう。かつては，このようにCVSチェーンのバイヤーの提案に基づいて，メーカーが試作品を作るという様式であったが，今は，CVSがもっと新製品作りに具体的に入り込んでいる。例えば，「日清名店仕込み札幌すみれ」「日清名店仕込み博多一風堂」。これは日清とセブンイレブンが協働で作り上げた専用商品である。価格は248円。しかし，高価格にもかかわらず2000年4月の発売から2カ月で合計500万個を販売した。これは，セブンイレブンが「ご当地ラーメンよりも一歩進んだ特定のラーメン店の味を再現した商品を一緒に作りませんか」と日清食品に提案したことによって始まった[1]。このように今や，小売業が主導して，アイディアを提供し，メーカーの技術を生かした新製品を開発している。

　第四に，メーカーは消費者サービスの一部をチェーン小売業に依存する場合がある。例えば，消費者の自宅への商品の配送であったり，電気製品の一部に見られるような据え付けサービス，またはアフターサービスあるいはその仲介等である。これは商品を販売している小売業がすべきであるという見方もあるが，日本のメーカーの多くは本来はメーカーがすべきことを代わりにやっていただいているという認識をもっているようだ。

2. チェーン小売業がメーカーに依存する資源

　チェーン小売業もまた多くの資源をメーカーに依存している。第一に，販売すべき商品が無ければ小売業は成り立たないので，メーカーの商品開発に依存しているということができる。
　第二に，継続的にそれらの商品を販売して行くためにはメーカーの生産力に依存することになる。
　第三に，チェーン小売業はメーカーのブランド力に依存している。ブランド・ロイヤリティの強い商品ほどチェーン小売業は販売努力を少なくしても販売できる。
　第四に，チェーン小売業はメーカーのプロモーションに依存しているといえる。メーカーが各種のプロモーションを強化するほど商品の認知度は高くなり，より多く販売できる可能性が高くなる。
　第五に，チェーン小売業はメーカーからの各種誘因（例えば，販促金，各種リベートなど）に依存している。もちろん，単に依存するだけでなく協賛金という名称で要請するという側面もある。
　第六に，チェーン小売業の多くはメーカーからの品揃え提案に依存してきたと言えよう。メーカーは新商品情報の提供だけでなく，各種の品揃え提案をしてきている。季節の祭事に合わせた品揃え提案も続けて来ている。これらを参考に小売業が品揃えを決めてきていた傾向がある。
　第七に，第六とも関連するが，チェーン小売業の多くはメーカーの販促提案に依存してきたと言える。例えば，各メーカーの特売提案の中から，適切なものを選択して特売を実施して来たという傾向がある。

第2節　メーカーとチェーン小売業の依存関係の変化

1．チェーン小売業のメーカーへの依存の変化

　チェーン小売業は，その販売力という点では確実に成長して来ている。また，販売力の増強とともにPB開発を行ってきている。PBについては，どこまでをPBというのかという問題もあり，その数値も必ずしも明確ではないが，富士経済よると日本の食品市場におけるPBの販売額は，2011年が約2.4兆円で，2017年には約3.2兆円になると予測している[2]。また，日経は，2018年2月期のPB売上高については，セブンプレミアム1兆3200億円，トップバリュが7,271億円，ユニー・ファミリーマートのPB売上高2,730億円，シジシージャパン3,200億円，日本生活協同組合連合会4,111億円，日本流通産業1,256億円としている。この6社で3兆1,768億円である[3]。PBの売上高の正確なデータはないが年々その売上高が増加してきていることは予想できる。

　また，PBはサイズやパッケージを若干変えただけの物もあれば，小売業が仕様書を書いている場合もあり，開発輸入の一部のように小売業が生産まで管理しているものまで様々である。そのため，PBを開発しているから，チェーン小売業が生産や製品開発の分野でメーカーへの依存の程度が軽減したとは一概に主張する事はできないが，少なくても若干の分野では製品開発や時には生産までメーカーへの依存が軽減しているといえるのではないかと思う。また，チェーン小売業がPB商品を開発したり，商品を輸入することは，チェーン小売業が仕入れることができる商品の選択肢が広がっていることを意味しており，チェーン小売業の標準店舗の売場面積が一定だとしたら，相次ぐメーカーの新製品開発と上記のPB開発等は，ますます買手市場にする効果がある。

　また，適切な品揃えをチェーン小売業が自社だけではできなかったり，メーカーの品揃え提案をチェーン小売業が待っているような受動的仕入れ姿勢であれば，メーカーとしては提案の仕方によっては商品を品揃えに組み込むことを

意図的にできる可能性がある。しかし，チェーン小売業がPOSシステムを導入し，店頭販売情報を持つようになったことは重要な意味がある。POSシステムの導入によって，チェーン小売業は品目別の売れ筋情報を持つようになったために，少なくても，死に筋商品は店頭から排除できるようになったし，勘と経験だけではなく，データで判断するようになってきている。つまり，完全にではないが，自主的に品揃えを決めれるようになってきているのである。そのため，ある商品を仕入れるかどうかという判断はチェーン小売業がもつようになってきている。そのため，メーカーからの品揃え提案や販促提案は現在でも行われているのだが，チェーン小売業がそれに依存する程度は低くなってきているのである。

このように，チェーン小売業はメーカーに対して現在でも様々な面で依存しているが，チェーン小売業の情報化の進展は，店頭の科学化を促進し，メーカーからの品揃え提案や販促提案への依存度合いを低くくする傾向にあり，また，PB開発は若干の分野で，メーカーの製品開発力や生産力への依存の重要性を低下させているように考えられる。

2. メーカーのチェーン小売業への依存の変化

メーカーから見ると，チェーン小売業の販売力の強化は，チェーン小売業の販売力という資源をより重要なものにしている。また，新たなチェーン小売業への依存が出現している。それは，メーカーがチェーン小売業に新製品開発へのアドバイスをしてもらうようになってきているという側面がある。これは既述の情報収集のところで，CVSチェーンの提案については既にふれた。また，大手のスーパー・チェーンに対しては，食品の分野ではコンセプト商談，白物パッケージ商談，完成品商談と3段階の商談をすることが少なくなく，完成品の前にアドバイスをもらうことが多い。これは家電製品であっても木型の段階で大手チェーンの意向を聞くということがある。この依存形態は比較的最近のことである。このように，メーカーにとってはチェーン小売業の販売力はますます重要な資源になって来ており，その上，新たな依存形態が出現してきてい

る。

　このように，一方ではチェーン小売業はメーカーへの依存度合いが若干の分野で軽減し，他方でメーカーはチェーン小売業の資源への依存度合いが強くなり，新たな依存形態も出現して来ている。そのため，相対的にメーカーのチェーン小売業への依存の程度が高くなる傾向がある。資源の重要性とか代替性の不完全性を考えると，チェーン小売業の販売力の重要性がより高まっており，買手市場が形成されていることもあって，相互に依存しているのであるが，メーカーのチェーン小売業への依存の程度が大きくなって来ていると言えそうである。

第3節　媒介変数としての信頼

1．特定のメーカーに依存する状況

　相対的にメーカーのチェーン小売業への依存の程度が高まっていると指摘した。そのため，メーカーはチェーン小売業にパワーを与えている。パワーが強化されたチェーン小売業はメーカーが提案する価格体系を拒否し，自らの判断で納品価格を引き下げさせたり，各種協賛金を要求したりして，チャネル・マージン[4)]の配分を変えるようになる。しかし，既述したようにチェーン小売業もまたメーカーに多くの点で依存していることを忘れてはならない。

　ここで重要なのは，チェーン小売業は例えばA社，B社，C社という3つのメーカーがあるとき具体的にはどこのメーカーに，どのような資源を依存するかである。依存されたメーカーは，それだけチェーン小売業に対してパワーをもつようになるのである。

　依存する資源が質的なものであればあるほど，質的資源の評価は難しいのが普通である。例えば，あるカテゴリーの棚割りを決める場合，チェーン小売業は上記のA社，B社，C社のどれかと協力して作業を行っていこうと考えると

すれば，どこに依存するかである。チェーン小売業によっては，当該カテゴリーでNO.1のシェアをもっているメーカーA社にお願いするかもしれないし，小売店の棚の収益性や生産性を向上させることが重要だという認識を全社的に共有しており，様々な工夫を継続的に行ってきているB社にお願いするかもしれない。前者の判断は実績を重視しているとも言えるし，後者の判断はメーカーとしての考え方や姿勢を評価しているとも考えられる。これを違う表現で表すと，信頼ということができる。つまり，チェーン小売業がある資源を具体的にどのメーカーに依存するかを意思決定する場合には，信頼がその重要な変数になる可能性がある。

2．信頼概念の多義性

　その信頼は様々に定義されている。例えば，嶋口は，信頼を「他社の能力を信ずること」[5]と定義しているし，尾崎は，信頼を「相手が自分の不利になることをしない，あるいは自分の有利になることをしてくれるのではないかという期待のことである」[6]と定義している。なお，尾崎は事前的信頼（新たな方針やビジネスを開始するときにこちらから一方的に傾注するいわば性善説に立った信頼）と事後的信頼（ビジネスをともに遂行して行く中で徐々に形成されて行く信頼）に分類している。また，和田は，信頼を「自らが相手になんらかの報酬を期待し，相手がその期待どおりに行動すると認識すること」[7]と定義している。なお，和田は信頼を認知的信頼（期待-実行の図式によって形成される信頼）と感情的信頼に分類している。三者はそれぞれ信頼を定義しているが，尾崎や和田の定義に見られるように，信頼の概念は多義性を持っているという認識が一般化してきているように思う。

　そのような認識が広がる中で，酒向は，信頼とは「ある取引のパートナーである一方が，予測でき，互いに受容可能な方法において対応もしくは行動するであろうとするもう一方についての期待である」と定義しながら，取引関係においては3つの信頼があると主張している[8]。それは，以下の3つである。

　a)「約束厳守の信頼」………お互いが特定の書面または口頭の同意に執着す

ることにより存在する。双方の取引相手に，約束を守るという普遍的な倫理基準を維持させるという意味でこのように表現される。
b)「能力に対する信頼」………取引パートナーがその役割を十分に果たすという期待に関するものである。技術力と経営能力がここでの関心であり，そのためこの種類の信頼は，能力に対する信頼と表現される。
c)「善意に基づく信頼」………より一般的な，お互いの非限定的なコミットメントに対する相互の期待に関係する。ある特定の範囲の要求には敏感に対応するがそれ以外の部分については対応しないというのが限定的コミットメントで，取引パートナーの要求であれば，あるいは業績改善につながるようなあらゆる機会をとらえて対応しようとするコミットメントが非限定的コミットメントということになる。

また，「約束厳守の信頼」は日本の日用語では「信用」に近く，「善意に基づく信頼」は「信頼」に近いと述べている。このように，信頼の概念には多義性があることが確認される。

このような状況の中で，社会心理学者の山岸が本格的な信頼についての研究書を出版している[9]。そこでは，信頼（相手をあてにする）の意味は多いと述べ，最初に，信頼の多義性について説明している。

最初に説明しているのは，能力に対する信頼である。これは，相手が役割を遂行する能力をもっているという期待のことである。例えば，河豚を食べに行く時の河豚を調理する板前に対する信頼のことであり，また，飛行機に乗る時のパイロットに対する信頼等がこの事例に該当する。

また，「相手が自分を騙そうと思っているのではないか，あるいは相手に身をゆだねた場合に利用されてひどい目にあわされてしまうのではないかという，相手が自己利益のために搾取的な行動（機会主義）をとる意図をもっていると思うかどうかにかかわる限りでの信頼」がある。これを意図に対する信頼というが，この信頼と類似した概念に「安心」がある。安心とは，そもそもそのような社会的不確実性が存在していないと感じることである。換言すれば，自分を搾取する行動を取る誘因が相手に存在していないと判断することから生まれるものである。

以下は，意図に対する信頼の分類である。つまり，社会的不確実性（相手の意図についての情報が必要とされていながら，その情報が不足している状態）が存在しているにもかかわらず，相手の人間性ゆえに，相手が自分に対してそんなひどいことはしないだろうと考えることである。この意図に対する信頼は，以下の2つに分類される。

▶人間関係的信頼　　相手が自分に対してもっている態度や感情についての判断に基づいている。他の人間に対してはともかく，自分に対しては信頼に値する傾向をもつ人間であるという期待。

▶人格的信頼　　相手が誰に対しても信頼に値する行動をとる傾向をもつ人間であるという期待であり，相手の一般的な人間特性の一部としての信頼性といえる。

このように，山岸は，能力に対する信頼，安心，人間関係的信頼，人格的信頼と分類して論じている。

取引関係での信頼ということを前提にすると，酒向のいうように約束厳守の信頼などもあり，企業の能力についての信頼だけとはいいにくい。ただし，酒向は取引のパートナー同士の信頼を議論しているが，取引当事者がすべてパートナーだとは限らない。また，山岸の考え方は社会一般の人間関係に該当すると思うが範囲が広過ぎて，取引関係に必ずしも該当しない。そう考えると，尾崎の考え方が妥当のように考えられるし，取引関係の中で一般に信頼という言葉を使うときには尾崎の定義が当てはまると思うので，本書では尾崎の定義を採用する。

第4節　メーカーとチェーン小売業との「信頼」関係の現状

それでは，メーカーとチェーン小売業との間には信頼関係は成立しているのだろうか。この点を検討してみる。

約束したことがその通り実行される取引を経済的取引といい，約束したことが必ずしもその通り実行されない「貸し借りの関係」が社会的取引であるとこ

こでは表現する。つまり，経済的取引になっていないときで，さらに貸し借りの帳尻が合わないからこそ，信頼できないのではないのだろうか。換言すれば，事後的信頼が必ずしも形成されていないということである。これをメーカーとチェーン小売業との取引関係で考察してみたい。

1．信頼関係の現状

　メーカーからすれば，棚割りに同意したのに必ずしも全店にその通り並んでいないとか，ある県での全店特売の商談が成立したのに，特売実施率は70％であったといったことは社会的取引の事例になる。もちろん，特売の実施については，バイヤーに全店実施の権限はないのであるから，最初からそのような約束は無理だという解釈も成り立つ。また，特売企画には2種類あって，全店特売のテレビ広告やチラシ広告が入るものは全店で必ず実施されるが，店舗が選択できる特売は最初から全店で特売されるとは限らないのだから，特売実施率は企画内容とメーカーの努力によるという解釈も成り立つ。しかし，メーカーからすればこのような事例の積み重ねによって，「貸し」が多いと感じているのではないかと思う。

　また，メーカーは店頭フォローとか店頭管理と称して店舗を巡回しているところが多い。もちろん，店頭フォローを実施しないメーカーもあるし，正社員が担当するメーカー，パートタイマーを組織して実施するメーカー，SP会社に委託して実施しているメーカーと多様ではある。いずれの方法であろうとも，その目的は発注促進にもあるだろうが，商談どおり店頭で実施されているかを監視する側面もある。つまり，監視コストの一部となっているのである。また，協賛金，特に決算協賛金とか週年協賛金とかいったものや労働力提供などは取引を維持するためのコストと考えられる。このような，「取引維持コスト」や「取引監視コスト」が多額になっているという認識が双方に持たれているとは限らない。メーカーだけが強く認識しているのかもしれないのである。そのため，メーカーからすれば「貸し」が多すぎて帳尻が合わないという認識なのである。

　しかし，チェーン小売業からすれば，交渉の場でのメーカーの「これはこれ

だけ売れます」「他の店での実験ではこれだけ売れました，これだけ利益が増えます」「消費者テストではこんなに好評でした」というような提案にどれだけ騙されたことかということになるのである。そのため，メーカーとチェーン小売企業との関係は,「騙しの関係」だと考えているのかもしれない[10]。同様に,「優秀な営業マンというのは，不良在庫を言葉巧みに売りつけるのが仕事。こちらに，セールストークを跳ね返すだけの情報と意思がなければ騙されるから，中途半端な状態では会うな」という意味で，「取引先の営業マンとは会うな」と常々説いていたチェーン小売業の社長もいた[11]。チェーン小売業としても，当初の予定した量を売価変更せずに売り切りたいのであるから，メーカー側のいわゆる「売り込み」には疑問を持っているのではないだろうか。

　つまり，メーカーとチェーン小売業との取引は「社会的取引」であって，貸し借りの帳尻が合わないと両者で感じているのではないかと考えられる。そのため，メーカーとチェーン小売業との間に信頼関係が構築されているとは考えにくい状況である。

　ここであげた例の内，取引維持コストは小売業のバイイング・パワーがその主たる原因であるから，今後も無くなるとは考えにくい。また，その方法は改善されて行くと思われるが，メーカーの売り込みも続くのではないかと思う。ただし，取引監視コストは改善されて行く可能性が高い。このコストが発生する理由はいわゆる店舗の大きさが必ずしも同じでないために，棚の大きさも店舗によって異なることがあるためと店舗の売上高は店長の責任になっているため，店長の裁量が品揃えや販売促進に表現されるためである。しかし，ライオン（株）とイトーヨーカ堂との「店頭情報交換システム」[12]のような仕組みが普及したら，この問題は少なくなりそうである。

　また，一般的に，メーカーとチェーン小売業の信頼を妨げるものとしては次の3つが基本的にあげられる。

第7章　チャネル構成員間の依存関係と信頼　117

2．メーカーとチェーン小売企業との「信頼」を妨げる要因[13]

（1）　目標の相違

　メーカーもチェーン小売業もそれぞれの企業目標を追求している。それらの目標が相いれないものであれば，そこに対立が発生することになる。基本的にメーカーは自社製品の販売額を伸ばしたいのであり，チェーン小売業は顧客が必要とするものを買いやすいように品揃えすることによって売上高を増加させ，利益を増やしたいわけであるから，両者の目標は両立しにくい。そのため，チェーン小売業からすると自社製品の売り込みではなく，小売業の立場に立った提案をしてほしいということになるのである。

　目標が最も一致しやすいメーカーは小売業の棚で最もシェアが高いメーカーである。そのメーカーにすれば，棚全体の売上高が高まれば，自動的に自社製品が最も売上が増加するからである。したがって下位メーカーほど目標の非両立性の問題は大きくなる。

（2）　活動領域の不一致

　メーカーとチェーン小売業が遂行する役割について，両者の間に同意が無く，一方が他方の役割を無視したり，脅かす行動をとると役割についての同意が欠如し，対立が生じる。例えば，定番導入が本部商談で決まった商品がそのチェーン全店で実際に導入されているかどうかをチェックするためにメーカーのそのチェーン担当が全店のPOSデータを点検し，売上がまったく生じていない店舗がないかどうかをチェックしているという現実があった。

　全店に当該商品が導入されたかどうかを点検するのはどちらの役割なのだろうか。あるいは，チェーン小売業の社内用の商品導入のための企画書をメーカーの人が書いている場合がある。これはどちらの役割なのだろうか。また，食品メーカーでは新製品開発に当たって，コンセプト商談，白物パッケージ商談，完成品商談と3段階に渡る商談を大手チェーンとしている。現実には新製品のコンセプトについてバイヤーの意見を聞き，内容物についてバイヤーの意見を

聞いているわけである。新製品開発の役割はどちらにどれだけあるのだろうか。

　決算協賛金というものがある。チェーン小売業が予定していた利益が出ないとき，決算の近くになるとメーカー等に予定していた利益を上げるために金銭を求めるものであるが，チェーン小売業の利益に誰が責任があるのか。このように例を挙げていくときりがない。つまり，メーカーとチェーン小売業の役割分担が必ずしも明確になっていないということである。

（3）　現実認識の相違

　現実認識に相違があると対立が生じる可能性が高い。メーカーがこれは消費者に支持されると判断したのに，チェーン小売業は支持されないと判断するというのが典型例であろう。このように消費者のトレンド，ニーズについての認識が相違する可能性は常にある。また，新製品がチェーンに導入されたのに予定した売上高が達成されない場合に，メーカーは店頭での露出が不十分だからだと解釈し，チェーン小売業はメーカーのプロモーションが不十分だったからだと判断する場合なども現実認識が相違し，対立を生じさせたり，信頼の欠如に結び付く可能性がある。

3．「信頼」関係形成への期待とメーカーの機会

　このように，両者間の信頼関係の構築には困難な点があるものの，チェーン小売業からすれば，本格的競争の時代を迎え，より低粗利率でも利益の出る体質を作りたいのだと思う。そのためにも，低コスト体質の業態の確立とともに，何が売れるのかという判断を磨き，予定した量を予定した価格で売り切るノウハウを確立したいのである。これは発注精度を高めるという表現で表される。また，回転率を高め，コストを削減するためにも在庫の持ち方を改善したいはずである。一方，メーカーも実需に合わせた合理的生産をすることが大きな課題であるはずである。

　つまり，両者とも大きな課題を抱えているのであり，自己完結的な改善だけでは解決しないようになってきているのである。そこに，信頼関係の構築によっ

て現状の課題を打破したいという共通の目標が出てくるのではないだろうか。しかも情報・通信技術の発展によって，信頼関係を構築すれば改善できる業務も多いように思う。

　このように，信頼関係の構築には困難性が伴うが，同時に信頼関係構築へのニーズも存在しているように思われる。何よりも，信頼関係が構築されていないというのはメーカーからすれば1つのチャンスでもある。つまり，チェーン小売業との間に信頼関係を構築することによって，メーカーの資源に依存してもらうチャンスが存在しているということである。

第5節　信頼の規定要因と信頼と成果の関係

1. 信頼の説明変数

　ANDERSON&WEITZの実証研究からは，「目標の一致度」，「メーカーの否定的評判」，「ディーラーサポート」が重要であることが判明したし[14]，MORGAN&HUNTの実証研究からは，「価値観の共有」，「コミュニケーション」，「機会主義的行動」が説明変数として有効であることがわかった[15]。また，日本のチェーン小売業のバイヤーに対する予備的調査からは「機会主義的行動を取らないこと」，「小売業支援」，「コミュニケーション」などが重要であろうという推論が出てきた[16]。

　ここでは，日本での予備調査で出てきたものが，それぞれアメリカでの実証研究でも出てきているので，それを抽出する。また，アメリカの研究成果から「目標の一致度」と「価値観の共有」を取り上げて実証研究してみる。

2. 信頼の規定要因に関する実証分析

（1） 説明変数

ここでは，チェーン小売業のバイヤーに対するアンケート調査[17]のデータで実証分析する。

説明変数としては，次のa～eを設定した。なお，ここでの変数はすべて7段階間隔尺度で測定している。また，バイヤーが担当する主な商品カテゴリーとその小売企業内でのインストアシェアを直接記入してもらい，その1位のメーカーと3位のメーカーごとにa～eをそれぞれ評価してもらっている。

a. 小売業に対する支援
　a_1………販促提案に対する満足度
　a_2………課題に対する対応の適切性

b. 機会主義的行動
　b_1………約束の遵守に対する満足度
　b_2………小売業に対する支援

c. コミュニケーション
　c_1………情報の共有度
　c_2………情報提供の適切度

d. 目標の一致度
　d_1………消費者の満足度を高めること
　d_2………低コストで消費者へお届けすること

e. 価値観の共有
　e_1………環境保護
　e_2………地域社会貢献

被説明変数は，x………信頼度である。

（2） 分析結果

$$x = A_1 + A_2 a_1 + A_3 a_2 + A_4 b_1 + A_5 c_1 + A_6 c_2 + A_7 d_1 + A_8 d_2 + A_9 e_1 + A_{10} e_2 \quad \cdots\cdots\cdots\cdots [1]$$

［1］式を総当たり回帰分析にかけた。つまり，ここでは仮説を展開し，その仮説を検証するというよりは，探索的に最も説明力がある方程式を発見しようという試みである。ここでは，総合スーパーと食品スーパーのバイヤーの回答を合わせてスーパーとして分析している。

最も説明力があったのは，以下の［2］式である。

$x = A_1 + A_4 b_1 + A_5 b_2 + A_6 c_2 + A_7 d_1 + A_8 d_2$ ……………［2］

図表7-1 ［2］式の推定結果

	偏回帰係数	標準偏回帰係数	t値
切片	0.13445	0.00000	0.516
b_1	0.09897	0.09704	1.296
b_2	0.19848	0.18705	2.410*
c_2	0.30050	0.32744	4.582***
d_1	0.12177	0.12015	1.584
d_2	0.20896	0.21068	2.978**
R^2	0.421		
F値	23.251***		

＊＊＊：0.1％水準で有意，＊＊：1％水準で有意，＊：5％水準で有意

したがって，メーカーがスーパーとの取引でスーパーのメーカーに対する信頼度を高めるためには，「機会主義的行動を取らない」こと，「コミュニケーション」，特に情報提供をより適切に行うこと，「目標の一致度」を高めること，特に低コストで商品を消費者にお届けするという目標を一致させることが重要である。なお，寄与度をみると，情報提供の適切度が0.3274と最も大きいので情報提供が適切であることが最も重要であることが分かる。

3. 信頼と成果に関する実証分析

ANDERSON & WEITZの実証研究では，信頼は継続的取引の説明変数であったし，MORGAN & HUNTの実証研究では，信頼は協調など4つの変数の説明

変数になっていた。ここから，メーカーがチェーン小売業との信頼関係を構築していけば，取引の継続性や協調関係の強化に繋がることが期待される。これだけでもメーカーとしては十分，チェーン小売業との信頼を高めることに努める価値があると思われるが，もっと直接的な成果は信頼関係の構築で得られないのだろうか。

この点を検証するために，次のような非説明変数を用意した。

z…………インストアシェア…………バイヤーが担当している主な商品カテゴリーを記入してもらい，その企業内でのインストシェアの上位3位までのメーカー名とシェアを記入してもらっている。なお，信頼度は，上位1位と3位のメーカー毎に評価してもらっている。

w…………定番のフェースシェアの増減（7段階間隔尺度）

この変数を用いて，信頼度との関係について単回帰分析をしてみた。もちろん，インストアシェアや定番のフェースシェアは，ブランド力を含めた商品力やメーカーのプロモーションの程度，過去の販売量・シェアなどによって規定されると考えられるので，信頼を説明変数とする単回帰分析では，当然，説明力は非常に低いはずである。したがって，方程式が意味のあるものかどうか，t値が有意かどうかに焦点があてられる。ここでは，スーパーのバイヤーの154の回答を分析対象としている。

$$z = A_1 + A_2 x \cdots\cdots\cdots\cdots\cdots\cdots [3]$$

図表7-2　[3] 式の推定結果

	偏回帰係数	標準偏回帰係数	t値
切片	35.59265	0.00000	10.783＊＊＊
x	－3.90689	－0.27115	－3.473＊＊＊
R^2	0.0674		
F値	12.063＊＊＊		

＊＊＊：0.1％水準で有意

したがって，F値が有意なので，方程式は意味のあるものであった。その説明力は低いものの，t値も有意なので，信頼度が高いほどインストアシェアは

高くなるという関係がある。なお，xの標準偏回帰係数がマイナスなのは，7段階の間隔尺度での測度は，1が「極めて信頼」で7が「極めて信頼していない」というようになっているためである。

同様に，定番シェアの増減と信頼との関係は以下のようである。

$$w = A_1 + A_2 x \cdots\cdots\cdots\cdots\cdots\cdots [4]$$

図表7-3　[4]式の推定値

	偏回帰係数	標準偏回帰係数	t値
切片	2.86644	0.00000	13.364＊＊＊
x	0.28021	0.29690	3.833＊＊＊
R^2	0.0822		
F値	14.694＊＊＊		

＊＊＊：0.1%水準で有意

同様に，方程式は意味のあるものであり，その説明力は低いが，信頼度が高いほど定番のシェアは高くなるという関係がみられる。

つまり，スーパー業態との信頼関係の構築は，その取引の継続性や協調性が高まるという期待だけでなく，直接的にメーカーにとって成果が上がることが期待される。

注記

1) 田中　陽（2006）『セブン-イレブン覇者の奥義』日本経済新聞社，83~86ページ。
2) （株）富士経済（2012）『PB食品市場の最新動向と将来展望　2013』，富士経済，3ページ。
3) 日本経済新聞社編（2018）『日経業界地図　（2019年版）』日本経済新聞社，179ページ。
4) 「チャネル・マージン」というのは，ある商品の小売販売価格からメーカーの工場原価を引いたものである。このマージンの配分を巡って，メーカーと流通業は常にコンフリクトを起こしている。筆者は，このような仮説をもっている。
5) 嶋口充輝（1994）『顧客満足型マーケティングの構図』有斐閣，198ページ。
6) 尾崎久仁博（1998）『流通パートナーシップ論』中央経済社，132ページ。
7) 和田充夫・恩蔵直人・三浦俊彦（1996）『マーケティング戦略』有斐閣，322-

323ページ。
8) 酒向真理（1998）「日本のサプライヤー関係における信頼の役割」，藤本隆宏・西口敏宏・伊藤秀史編『サプライヤー・システム』有斐閣，93-95ページ。
9) 山岸俊男（1998）『信頼の構造』東京大学出版会，第2章に依拠している。
10) 「騙しの関係」という表現は，チャネルリンケージ研究会におけるチェーン小売業の役員の発言である。
11) 週刊ダイヤモンド編集部（1999）「情報のない営業とは会うなと説くヨーカ堂・鈴木社長」『週刊ダイヤモンド』第87巻，第34号，32ページ。
12) ライオン（株）の「店頭情報交換システム」というのは，「ライオンフェアー」というライオン製品の店頭大陳の状況を卸売業がデジタルカメラで撮影し，それをEメールでライオンに送信するものである。ライオンは全国のイトーヨーカ堂の店舗でライオンフェアーがどのような状況で展開されているかが本社で分かり，それをファイル化しているので，イトーヨーカ堂のバイヤーと一緒に見て，善後策を講ずることができる。このノウハウはもちろん定番ゴンドラにも応用できる。このシステムについては，ライオン（株）の量販店政策推進部の皆様から詳しく説明していただいた。謝意を表したい。
13) Stern, Louis W., Adel I. El-Ansary and Anne T. Coughlan（1996）, *Marketing Channels* (Fifth ed.), Prentice Hall, pp308-314. ここであげている「目標の相違」「活動領域の不一致」「現実認識の相違」は，コンフリクトの発生原因として指摘されているものである。この要因をここで取り上げているのは，コンフリクトの発生原因が解消されるほどチャネル構成員間の信頼は増すというここでの仮説に基づいている。
14) Anderson, E. and B. Weitz（1989）, "Determinants of Continuity in Conventional Industrial Channel Dyads," *Marketing Science*, Vol.8, No.4, pp.310-323.
15) Morgan, R. M. and S. D. Hunt（1994）, "The Commitment-Trust Theory of Relationship Marketing," *Journal of Marketing*, Vol.58, July., pp.20-38.
16) 日本マーケティング協会の1995年調査による。
17) 解析用のデータは，1998年4月にチェーン小売業のバイヤーを対象にアンケート調査したもので，有効回答数は117である。ただし，バイヤーの担当商品カテゴリーの1位メーカーと3位メーカーに対する評価を調査しているので，解析用のデータ数は234あることになる。調査主体は，（社）日本マーケティング協会である。なお，この調査表の設計・分析は筆者が担当した。

第Ⅱ部
消費財メーカーの
バイイング・パワー対応戦略

第8章
日本におけるバイイング・パワーの実態とその変化

　日本のチェーン小売業（レギュラー・チェーン＋フランチャイズ・チェーン＋ボランタリー・チェーン）の小売総販売額に占めるシェアは，2014年で78.7％を占めている。12年前の2002年は59.9％であったから，この12年間でチェーン小売業は大きくシェアを伸ばしていることがわかる。また，50店舗以上所有している小売企業とその小売総販売額に占める割合をみると，2012年には790社あり，シェアは41.2％になっている。10年前の2002年では，596社で，24.2％であった。ここからもチェーン小売企業の成長が理解される[1]。

　また，コンビニエンス・ストアは，大手3社で販売額の9割を超えているといわれており，総合スーパーも大手4社に集約する傾向にあるように，業態別に寡占化傾向が見られる。

　そのため，売上高が1兆円を超える小売企業が，2017年度決算で，7社になっている。イオン8.4兆円，セブン＆アイHD6.0兆円，ファーストリティリング1.9兆円，ヤマダ電機1.6兆円，アマゾンジャパン1.3兆円，ユニー・ファミリーマートHD1.3兆円，三越伊勢丹HD1.3兆円である[2]。このように巨大な小売企業が増加する傾向にある。それ故，彼らの購買力（バイイング・パワー）に消費財メーカーがどのように対応していくのかという問題が大きくなってきている。

第1節　バイイング・パワーの問題点

　小売業者のバイイング・パワーの問題は，個々のメーカーの問題であると共に社会問題と認識される場合もある。1980年にOECDが，『購買力-支配的購買者による市場力の行使』という報告書をまとめているが，この報告書の第4章には，バイイング・パワーの評価が整理されている[3]。

　バイイング・パワーを発揮するほどチェーン小売業が成長した利点としては，次の3項目が指摘されている。

① 大量販売原理に基づく近代的流通の発展による低価格によって，ほとんどの消費者が大きな利益を得た。
② PB供給という形態での中小メーカーの新規参入を促進させた。
③ 高度寡占産業におけるメーカーの市場支配力の行使を妨げる対抗力になる場合がある。

　①の評価は，チェーン小売業の発展によって，低価格化が実現され，いずれの国でも消費者が利益を得たという高い評価である。日本でもこの評価は当てはまると考えられる。②の評価はヨーロッパ諸国で生じたことである。③はアメリカで生じたことで，バーゲニング・パワーとして知られていることである。

　また，バイイング・パワーの弊害としては，次の2点が指摘されている。

① 大規模流通企業の成長は中小小売業の消滅原因になっている。
② バイイング・パワーの行使は供給側から買手側への所得移転をもたらす。その結果，産業の投資と革新に有害な影響を持ち得る。

　①は，欧米各国に見られる現象で，日本でもこの傾向が出た。②は供給側をメーカー，買手側を小売業と読むとわかりやすい。メーカーの利益が減少することによって，メーカーが適切な投資ができなくなると技術革新，経営革新がタイムリーに行えなくなる可能性を示唆している。

　また，消費者への影響，例えば小売集中度が高度化することによって，地域独占が形成され，結果的に消費者価格が高くなることや，品揃えやサービスが限定されて消費者の選択の範囲が限定される可能性については，不確かである

と評価されている。

この報告書で注目されるのは，弊害の②である。日本では，この報告書が紹介された直後の1980年代前半のバイイング・パワーに関する通産省や中小企業庁の調査はもっぱら卸売業者を対象とするものだった。しかし，最近では，日本でも弊害の②が徐々に現実味を帯びてきているのではないだろうか。

これから，ますますチェーン小売業のバイイング・パワーが強化されていくことが想定されるので，消費財メーカーはこのバイイング・パワーにどのように対応していくのか，その戦略を十分に考えないといけない。

第2節　日本におけるバイイング・パワーの実態とその変化

バイイング・パワーの強さの程度とその発現形態は，時代とともに変化してきている。この節では，日本の小売企業のバイイング・パワーに関する調査報告書を参考にしながら，バイイング・パワーの実態の変化を確認していきたい。

1．80年代前半のバイイング・パワーの実態

80年代になって，バイイング・パワーという言葉が使われ始めた時の調査研究報告書が，（社）流通問題研究協会の『納入業者とスーパー企業の取引実態に関する調査』である。最初に，この調査結果を確認しておきたい。

（1）（社）流通問題研究協会（1982）の調査研究結果[4]
この調査研究では，バイイング・パワーの発現形態として次の13項目が指摘されている。現在，問題になっている項目との違いが良く理解される。
▶手伝店員派遣の要請
▶協賛金の要請
▶押し付け販売
▶不当返品

▶少量多頻度配送の要求
▶流通センター使用料の請求
▶値札付けなど納入に伴う付帯サービスの要求
▶あらかじめ決められた価格からの値引き要求
▶あらかじめ決められていない割戻金（リベート）の要求
▶帳合変更料，ないし，帳合開設料の要求
▶オンライン端末機設置コスト，システム使用料の請求
▶指定伝票の買い取り要求
▶支払期限の一方的延長

(2) 流通政策研究所（1983）の調査研究結果[5]

次に，翌年の流通政策研究所の調査研究の結果をみてみよう。この報告書のタイトルが『スーパー企業のバイイング・パワーに関する実態調査研究報告書—卸売問題との関連において—』となっているように，バイイング・パワーという言葉が調査報告書のタイトルになった初めてのものである。

この報告書では，バイイング・パワーとは，取引の場において，買手が売手に対して，自己に有利な取引条件を確保しようとして発揮される交渉力の総称であると定義している。なお，OECDのバイイング・パワーの定義も紹介されている。それは，「企業あるいは企業の集団が，商品もしくはサービスの購買者として，支配的な地位を占めていたり，その規模ないしは他の特徴から，戦略的もしくは梃子の優位性をもっているために，他の購買者よりも有利な条件を供給業者から獲得できる場合に存在する状況」である。

そして，バイイング・パワーの強さの程度については，買手が供給業者から購入するのをやめることによって，彼らにこうむらせることのできる追加的費用ないしその他の不利性の大きさ，あるいはその逆に，供給業者を変更する結果，買手自身がこうむる追加的費用ないしその他の不利性の大きさ，に密接に依存すると考えられている。

また，バイイング・パワーの発現形態としては，次の6つを想定している。

① 納入価格の引き下げ要求

②　代金支払い条件についての要求
③　販売促進や店舗改装費さらには物流費についての共同負担の要求
④　納入業者への受益保証の代償要求
⑤　売上不振時の責任転嫁
⑥　通常の商取引以外の手段による見返り要求

2．（財）食品産業センターの調査に見るバイイング・パワーの実態

　（財）食品産業センターは，1995年以降，食品メーカーに対して，チェーン小売業との取引問題についてアンケート調査をしており，2000年以降は毎年，継続して行っている。ほぼ同じ対象に対して，継続的にかなり多くの同じ項目を調査しているので，実に貴重なデータであり，バイイング・パワーの実態の変化も理解することができる。もちろん，食品業界だけのことであり，調査対象もメーカーだけというように限定されているという欠点もある。

（1）　1995年調査[6]

　この調査に回答したメーカー数は，638社であった。この調査結果の主な点は，次の通りであった。
①　協賛金について：「妥当でない」と思う協賛金の種類は，決算協賛金（92％），売場改装等費用（84％），開店・創業協賛金（70％），小売業者が独自に企画した催事等（70％），リベート（65％），販売促進費（46％），チラシ協賛金（46％），であった。
②　協賛金等の要請に応じた理由としては，以下の3つの理由があげられていた。
　ⅰ）「同業者も応じており，対抗上やむを得なかったから」83％
　ⅱ）「取引の全部もしくは一部の停止（帳合変更等）または取引上不利な扱いが懸念されたから」44％
　ⅲ）「一方的に取引額から相殺された」19％
　「一方的に取引額から相殺された」というのは明らかに違法であろうが，

競争対抗上という点と不利な扱い懸念という点が，協賛金が横行する2大理由であろうと考えられる。
③　多頻度小口配送の要請実態の調査がされている。
④　オンライン受発注システムの増加実態調査がされている。特に費用増分の負担について調査されている。
⑤　配送センター・フィーの負担金額がどの位増えたかが調査されている。
⑥　いずれも「十分に協議があったか」が問題になっている。「一方的に決められた」とか「取引への悪影響を恐れ協議しなかった」という回答が半数あった。
⑦　帳合変更の要請については，結果的に「納入価格の引き下げ」57％，「物流費の増加」45％，「一時金（帳合変更料）を徴収された」10％，という回答であった。
⑧　PB商品についての問題点としては，PB商品の返品（19％），値引き（11％），メーカー負担で廃棄（7％）が指摘されていた。また，PB商品に関するPL保険の加入を小売業者から要請されているかどうかという点については，「要求なし」21％，「加入の義務付け」59％，「保険会社・保険額の指定」9％，「小売りの加入する保険の全額負担」2％，という回答であった。

1995年という時点での食品メーカーに対する調査である。この調査報告書から理解されることの1つは，③や④は今や問題になっていないということである。この点からも，その時代によって，問題にされる点は異なることが理解できる。

また，事前協議があったかどうかが問題にされている。これは公正取引委員会も問題にする点である。しかし，事前協議があっても力の差があれば，結果はそれほど変わらないのではないかという疑問も出てくる。もちろん，事前に納得していれば，命令されるよりも気分的には嫌ではないのかもしれない。

(2)　2005年調査[7]

毎年行われているこの調査に大きな変化が表れたのが，2005年調査であっ

た。2005年のアンケートに対する回答企業数は315であった。
① 協賛金：卸売業からの協賛金要請が多くなってきた（販促協賛金）。
② 2005年に大規模小売業告示が公示予定なので，新たな項目の調査始まった。

それは，次の（a）（b）（c）である。
（a） 出荷期限の制限：出荷期限ルールとは，大規模小売業者への商品納入に際して，店舗への納入時で賞味期限を一定割合以上残していることを要件として，規定するものである。「納品時に賞味期限が三分の一以上あること」（58.3％）。極端な例もあるが，食品メーカーのほとんどは（93.7％）要求に応じている。こうした出荷期限ルールがあるために出荷できなかったことがあると回答した企業は約三分の二で，そのうち約半分が当該商品は破棄したと回答している。
（b） 過度の検査・調査の要求：通常の原料調達，製造工程管理で考えられる以上に詳細な検査・調査を要求し，かつその費用を負担させる行為のことである。3割ぐらいがあったと回答している。「大手総合スーパーが，勝手に売り場で抜き取り検査を行い，その費用を支払いより相殺される。」「製品検査という名目で，もっともらしい理由で検査項目，検査商品がほぼ一方的に決められる。また，多くの場合，各量販店企業が自社で保有する検査センターなどでの検査実施を要求されるため検査費用も妥当なのか不明」という意見もある。
（c） 社外秘情報の開示要求：使用原料，製法などについて必要以上に詳細な，また企業ノウハウに属する社外秘情報まで開示要求すること。・・・生協（36.6％）が多い。「生協に置いて，安全，安心をスローガンに企業ノウハウを全て開示しなければならないような書式で書かされる。年々内容が細かくなる」「長い間かかって築き上げた製品の原料配合の公開要求。これらの情報が他業者へ書式記載事例として不用意に提供されている。」「総合スーパーにある商品を出荷していたが，構成比率と原材料配合比率を書くように言われ，3か月ほどしたら発注がこなくなり，関連会社で作られていた」このような事例が報告されている。食品メーカーとしては，実に深

刻な問題である。

(3) 2006年・2007年調査[8]

2006年のアンケートに対する回答企業数は323で，2007年のアンケートに対する回答企業数は343であった。

2005年11月に大規模小売業告示が施行されたので，2006年調査は，その影響，あるいは効果が注目された。それは，従業員派遣に表れた。

従業員派遣の要請業務は，「店舗オープン時の商品などの陳列補充作業」が最も多く，次が「棚替え，棚卸，店舗の清掃，整理など」であった。

この従業員派遣に関する大規模小売業告示の影響として，次の3点が指摘されている。

① 従業員応援などに関する覚書締結依頼が増加した。
② 従業員派遣が減った。
③ 従業員派遣において日当を出すようになった，日当単価が上がった。

そして，チェーン小売業との取引実態については，「かなり改善している」(6.8%)「ある程度改善している」(43.4%)，「ほとんど改善が認められない」(43.8%)，「改善よりむしろ悪化している」(6.0%)，という結果で，大幅な改善は実現できていないかもしれないが，一部で効果が出ていると言えよう。

2007年調査でも，同様の調査をしている。その主な結果としては，次の4点を指摘できよう。

① センター・フィー：四分の三以上がセンター・フィーの算出基準が不明という意見を持っており，センター・フィーに不満を持っている。
② 従業員派遣について，「こちらが申し出たような様式の書類に捺印を求められる」とか「規模の小さいメーカーの社員への要請が多い」という意見が寄せられている。
③ 過度の試験検査・費用：妥当という意見もあるが，「検査機関がその企業の関連会社なので，検査料も高く，それにより利益を上げていると考えざるを得ない」という意見もある。
④ 過度の情報開示の要求：生協（33.6%），大型総合スーパー（31.8%），

食品スーパー（29.5％），「弊社のブレンド内容の開示など要求される。また，加工先，仕入れ先などの全開示も要求され，開示した後，直取引される」という意見も出ている。

大規模小売業告示以降，取引条件は改善されたという意見も出ているが，他方で，小売企業によっては相変わらず各種要請をし，対応しないと取引中止ということをしている小売企業もあるという意見が出ている。

（4） 2011年調査[9]

2011年のアンケートに対する回答企業数は298であった。

2011年の報告書では，次のようなことが判明した。

① 要請の内容：「協賛金の要求」（41.9％），「センター・フィーを負担している」（53.4％），「従業員派遣を要請された」（33.9％），「不当な値引き要請」（26.6％），「ノウハウなどを含む過度に詳細な情報・社外秘情報などの要求を受けたことがあった」（31.8％）であった。

② 大規模小売業告示の認知割合は，50.4％。改正独禁法の認知割合は，52.7％であった。

なお，従業員派遣の要請に応じた時の日当・交通費については，「妥当な額を受け取った」（11.4％），「出たが妥当な額とはいえない」（10.3％），「今後の取引関係等を考慮すると受け取れなかった」（14.1％），「自社の方針等により受け取らなかった」（17.6％），「全く出なかった」（46.6％）という結果になっている。「今後の取引関係等を考慮すると受け取れなかった」，「自社の方針等により受け取らなかった」という選択肢は，今回，初めて入れられたものであるが，そこに3割強の回答が集まっている。

3．バイイング・パワーの実態の変化

（1） 80年代初頭からのバイイング・パワーの実態の整理

80年代初頭，バイイング・パワーという用語が日本に入ってきた時には，

消費財卸売業を対象にした調査がもっぱらであった。その時の，小売企業の卸売業者に対するバイイング・パワーの発現形態は，人，モノ，カネであった。

「人」とは，卸売業者の営業マンに小売企業が自社の仕事の一部をさせるもので，毎月の棚卸作業や新店オープン時の陳列作業などが代表的なものであるが，中には，臨時にレジ係をやらされたり，駐車場の整理をやらされたりしていた。もちろん，これらの労働力は小売企業からすると無料である。卸売業からするとただ働きである。

小売業の新たな店舗が開店するというのは，卸売業にしてもメーカーにしても新たな販路であるから，うれしいことである。そのため，自主的に開店準備作業を手伝っていたのである。自主的に手伝っている分にはいいが，小売企業から貴社は何人と人数を決められ，何日から何日までと応援の期限も決められて，ただ働きでは，反発が出てくる。その上，それを断ったら，商談をしないとか，棚に並べる商品の数を削減するといったことが出てくると，そのような要請自体がバイイング・パワーの発揮ということになる。労働力が欲しい小売企業からすると，卸売業やメーカーに要請すると従業員を派遣してくれるということがわかると，それは徐々にエスカレートすることになる。そして，既述のようにいろいろな労働を頼むようになるのである。

「モノ」というのは，押し付け販売と呼ばれるものである。小売企業に商談にいったメーカーや卸売業の営業マンに，スーツを売りつける。歓送迎会の時期になると酒を売りつける。秋になるとクリスマスケーキ，お節料理を売りつける。クリスマスケーキやお節料理については，企業ごとに割り当て（数値目標）があった時期さえある。この押し付け販売は，旅行とか宝石まで広がり，その後は，主に卸売業の社長を対象にした，和服・反物の展示会への招待という形での押し付け販売もあった。

「カネ」については，いわゆる協賛金という名称のものである。その中で，悪質だといわれたのは，「決算協賛金」や「周年協賛金」であった。決算協賛金は，小売企業が決算の予想を立てたら，目標に届かないので，取引先の皆さん，わが社の決算が目標通りになるようにご協力くださいといって，取引先の卸売業者やメーカーに金額を割り振って，お金を徴収するものである。お金の

支出に際して，小売企業は「次年度も取引しましょう」というだけのようである。また，周年協賛金とは，開店10周年等の時に，取引先である卸売業やメーカーが，10周年のお祝いに「お祝い金」や「花輪」を差し上げたり，「特売用の商品の提供」を申し出ていたようである。しかし，そのうち，小売店の方から，10周年のときには，おめでたいといってお祝い金を持ってきたが，11周年はおめでたくないのか？という言い方をされて，11周年のお祝い金を要求され，提供するようになった。こうなると毎年である。しかも，この周年協賛金というのは店舗ごとであるから，1店ごとのお祝い金は少なくても1企業で数十店舗，数百店舗あると相当な支出になるのである。

　また，協賛金という言葉は便利で，「特売協賛金」とか「チラシ協賛金」という言葉も使われていて，幅広く○○協賛金という言葉が使われている。

　このように，「人」「モノ」「カネ」の大部分は，当初，卸売業者やメーカーが取引先を大事にしようという意識で，小売企業に協力を申し出たり，お祝いしていたものが，小売企業から強制されるようになったので，それをバイイング・パワーの発揮というように認識するようになったのである。

(2) 1995年から今日に至るバイイング・パワーの実態の整理

　小売企業からの各種要請は，その時代の流通・消費の変化に応じて変化する。たとえば，80年代に生じた少品種大量流通から多品種少量流通への変化の際には，「多頻度小口配送の要請」（1995年調査）が問題になったり，「欠品ペナルティー」（2003年調査から）が新たなバイイング・パワーとして認識されるようになった。また，80年代後半からの情報化の進展に際しては，「オンライン受発注システムの増加実態」（1995年調査）が調査されたりしていた。さらに，食品事故が生じてからは，「食の安全・安心」が一層重要になり，「過度の試験・検査費用の要求」（2005年調査から）などが問題になっている。

　このように，その時代の変化に応じて小売企業からの要請に変化はあるもの，（財）食品産業センターの長年の調査結果をみると，バイイング・パワーの発現形態は次のように変化してきたと言えよう。

① メーカーに対するバイイング・パワー発揮が中心

80年代初頭は，卸売業者に対する調査であった。メーカーからすると卸売業者は小売企業との緩衝材の役割を果たしていたと言えよう。しかし，その後，卸売業者の合併・廃業が相次ぎ，業種別に明らかに寡占化傾向を示しており，卸売企業そのものが巨大企業になったこと，そして，もう1つの大きな変化はメーカーが自ら小売企業と商談するようになったことである。そのため，バイイング・パワーはメーカーに直接発揮されるようになった。また，卸売業もメーカーの販売代理人としての性格から，むしろ小売企業の仕入れ代理人としての性格を強くしてきている傾向にある。

② 卸売企業もメーカーに対してバイイング・パワーを発揮

巨大企業になった卸売企業は，かつて小売企業に要請されたことを，今，メーカーに要請するようになっている。特に，規模の小さいメーカーに対するバイイング・パワーの発揮は強いようである。

食品産業センターの2007年度の報告書には，「卸売業者の不当な要請」という項目があり，食品メーカーの方が次のようなことを書いている。

▶全体的に，問屋を通して小売店様からの要望がありますが，現在問屋からの期間協賛及び特売協賛等の方が多いように思われます。問屋さんからの出荷許容期限切れにての返品も増えて，コンピュータ管理だけで返品を減らす努力がない。小売業に便乗で，内部留保的なメーカーいじめが多い。

▶卸売業者からのリベートやキャンペーン等の協賛金の要請があります。断った場合，売上を減らす話は多い。マージンを上げる要請も多い。

▶卸売業者の不当値引き。具体的には納品数量の水増しによる不当値引きの要請が後をたたない。組織ぐるみで数量の改ざんを実行している所もあり断固立ち向かっている。納品データと先方からの請求数量を時系列で調査し，不正を暴いている。

▶量販店よりも食品問屋から不当な協賛がある。未収扱いとして1％の協賛。

▶小売店はないが，問屋から出荷期限，不当な返品はある。

このように中小メーカーにとっては，巨大化した卸売業の要請はバイイング・

パワーと認識されている。

4．大規模小売業告示による改善

　2005年（平成17年）11月1日施行の大規模小売業告示の影響は，「人」の問題に好影響を及ぼしている。

　この告示の数カ月後の調査では，「大規模小売業告示」の影響として次のような声があがっている。
　▶従業員応援などに関する覚書締結依頼が増加した。
　▶従業員派遣が減った。
　▶従業員派遣において日当を出すようになった，日当単価が上がった。

　そのため，小売企業のバイイング・パワーについても，約5割の回答企業が，改善がみられるとしている。ただし，その数年後には，従業員派遣の件については，改善が停滞しているという声が多くなってきている。

5．「人」「モノ」「カネ」「ノウハウ」「リスクの削減」

　バイイング・パワーの現代的発現形態は，「人」「モノ」「カネ」「ノウハウ」「リスクの削減」にあると言える。

　① 「人」については，大規模小売業告示以降，一定の改善がみられたが，従業員派遣要請が無くなったわけではない。2011年の報告書でも，従業員派遣を要請された食品メーカーは，33.9％に達している。
　② 「モノ」に関する押し付け販売もなくなったわけではない。ただ，以前よりも押し付け販売に関するメーカーの苦情は減少しているように思われる。
　③ 「カネ」については，相変わらず多くの協賛金がある。また，センター・フィーという80年代初頭にはなかったカネの要求があり，それが増加傾向にある。センター・フィーについては1997年から調査されている。
　④ 「ノウハウ」については，「過度の社外秘情報の開示要求」という名称で

問題にされている。その意味は，使用原料，製法などについて必要以上に詳細な，また企業ノウハウに属する社外秘情報まで開示要求することである。

⑤　「リスクの削減」というのは，小売企業としての各種リスクの軽減を図るためにメーカーに協力を要請したり，本来は小売企業が負担すべき費用をメーカーに持ってもらおうとすることを意味している。具体的には，次のものがある。

▶PL保険：製造物責任法ができた際に，小売企業が入らなければいけないはずのPL保険をメーカーに入らせたことがある。

▶小売業が独自に設定する入荷許可制限：メーカーからすれば出荷期限の制限となる。出荷期限ルールとは，大規模小売業者への商品納入に際して，店舗への納入時で賞味期限を一定割合以上残していることを要件として，規定するものである。「納品時に賞味期限が三分の一以上あること」（58.3％）。極端な例もあるが，食品メーカーのほとんどは（93.7％）この要求に応じている。こうした出荷期限ルールがあるために出荷できなかったことがあると回答した企業は約三分の二で，そのうち約半分が当該商品は破棄したと回答している。このような入荷許可制限も店頭での商品の賞味期限切れというリスクを防止するための手法である。

▶過度の検査・調査の要求：通常の原料調達，製造工程管理で考えられる以上に詳細な検査・調査を要求し，かつその費用を負担させる行為・・・3割ぐらいがあったと回答。「大手総合スーパーが，勝手に売り場で抜き取り検査を行い，その費用を支払いより相殺される。」「製品検査という名目で，もっともらしい理由で検査項目，検査商品がほぼ一方的に決められる。また，多くの場合，各量販店企業が自社で保有する検査センターなどでの検査実施を要求されるために，検査費用も妥当なのか不明。」

▶欠品ペナルティー（欠品粗利補償）：店頭での品切れをなくし，なおかつ店内在庫量の削減を目指して，素早い受発注情報の授受とリードタイムの短い多頻度小口配送をシステム化するためには，一定の時間内に注文した商品が納品され，店頭に並ばないといけない。店頭欠品は売り上げの機会

損失になるだけでなく，その商品を購入に来た顧客の店舗ロイヤリティを失うかもしれない。そのようなリスクを小さくするために設けられているペナルティーである。

第3節　バイイング・パワーの変化

ここまでの議論を簡潔に整理すると以下のようになる。
① メーカーにとって，バイイング・パワーの発揮主体は小売企業から小売企業＋大手卸売企業になってきている。
② バイイング・パワーの発現形態は，その時代の流通・消費の変化を反映し，変化してきている。例えば，80年代と現在を比べると，「人・モノ・カネ」から「人・モノ・カネ・ノウハウ・リスクの削減」に変化しているように考えられる。
③ 法律およびその運用の変化によっても，バイイング・パーワーの発揮内容は変化する。特に，大規模小売業告示の後は，従業員派遣の要請に質的変化が生じた。このように，法律によって流通業のバイイング・パーワーをある程度はコントロールできる可能性が示唆されている。
そのため，次章では，バイイング・パワーと法規制について整理する。

注記
1) チェーン小売業のシェアと50店舗以上所有している小売企業についてのデータは，いずれも『商業統計表』から算出したものである。
2) 小売企業の売上高データについては，日本経済新聞社の『日本の小売業調査』に基づいている。
3) 公正取引委員会事務局 官房渉外室訳（1981）『購買力―支配的購買者による市場力の行使―』101-106ページ。
4) この項は，(社)流通問題研究協会［1982］『納入業者とスーパー企業の取引実態に関する調査』に依拠している。
5) この項は，流通政策研究所（1983）『スーパー企業のバイイングパワーに関する実態調査研究報告書―卸売問題との関連において―』（通産省委託事業）に依

拠している。
6) この項は，(財)食品産業センター（1995）『食品産業における取引慣行の変化に関する実態調査報告書』に依拠している。
7) この項は，(財)食品産業センター（2005）『平成16年度食品産業における取引慣行の実態調査報告書』に依拠している。
8) この項は，(財)食品産業センター（2006）『平成17年度食品産業における取引慣行の実態調査報告書』及び(財)食品産業センター（2007）『平成18年度食品産業における取引慣行の実態調査報告書』に依拠している。
9) この項は，(財)食品産業センター（2011）『平成22年度食品産業における取引慣行の実態調査報告書』に依拠している。

第9章
バイイング・パワーと法規制

　流通業者のバイイング・パワーの行使を規制する法律は，独占禁止法である。具体的には，優越的地位の濫用を禁止している。取引上の優位な地位を活用して，正常な商慣習を越えて，取引相手に不当に不利益を与える優越的地位の濫用は，独占禁止法の第19条（不公正な取引方法の禁止）及び一般指定第14号（優越的地位の濫用）に抵触する。

　この優越的地位の濫用に対する取り締まりは，あまり厳しいものではなかったが，多様なチェーン小売業の成長，巨大な小売企業の登場によって，21世紀に入ってからは，大規模小売業告示と独禁法の改正によって，規制強化の方向にある。この点を，この章では検討していきたい。

第1節　大規模小売業告示までの動向

　流通業者に対して「優越的地位の濫用」に抵触するといって排除命令や排除勧告が出たことは，非常に少なく，1979年の三越事件（公取委昭和57年6月17日同意審決：三越がその納入業者に対し商品や映画の前売券等の購入を要請（押し付け販売）したり，協賛金や派遣社員を要請したり，種々の催し物への費用負担の要請をしたことが優越的地位の濫用に抵触した）や1998年のローソン事件（公取委平成10年7月30日勧告審決：ローソンがその納入業者に対し算出根拠の明らかでない金銭の提供を要請，日用雑貨品等を1円で納入するよう要請したことが優越的地

位の濫用に抵触した）が数少ない大きな事件であった。
　しかし，多様なチェーン小売業の成長とともに，バイイング・パワーが強くなってきていたことを背景に，2004年3月から2005年4月にかけて，突然，全国を横断するように以下の7社に対して優越的地位の濫用に抵触するということで，次々と排除勧告が出た。

- ▶2004年3月ポスフール（札幌市），山陽マルナカ（岡山市）
- ▶2004年10月ミスターマックス（福岡市）
- ▶2004年11月コーナン商事（大阪府）
- ▶2004年12月ユニー（愛知県）
- ▶2005年3月ドン・キホーテ（東京都）
- ▶2005年4月フジ（松山市）

　図表9-1からわかるように，抵触した内容は，「値引きの強要」「従業員派遣の強要」「返品受入れの強要」「協賛金の強要」などである。従来，どこの小売業でも行っていたかもしれない行為が優越的地位の濫用に抵触するということで排除勧告が出たので，各社は慌ててこのような行為を改善するように動いた。
　例えば，コーナン商事は，「取引先に無償の労務提供を強要した」ということで排除勧告を受けたため，2004年12月以降，新店開業時の応援販売員に一定の日当を払うことを決めた。また，「協賛金の強要」については，年間の販売額に対して何パーセントという一定額以上は受け取らないという基準を設け

図表9-1　優越的地位の濫用に抵触した内容

勧告日時	企業の名称	主な違反の内容
2004年3月	ポスフール	値引きの強要
2004年3月	山陽マルナカ	値引，従業員派遣，返品受け入れの強要
2004年10月	Mr　Max	協賛金，返品受け入れ，従業員派遣の強要
2004年11月	コーナン商事	協賛金，従業員派遣の強要
2004年12月	ユニー	値引き，従業員派遣の強要
2005年3月	ドン・キホーテ	協賛金，従業員派遣の強要
2005年4月	フジ	値引き，従業員派遣の強要

た。協賛金は要求するが，一定の基準に基づいたもので，新店開業記念などのセールのたびに協賛金を要求したり，受け取らないようにした[1]。

コメリは，従来取引先からの従業員の派遣は無償で，要請も現場の担当者が口頭で行っていたが，あらかじめ人数，期間，労務内容などを文書で取り決めるように変更し，一定の日当も支払うようになった。

ユニーは，2005年2月より，棚卸のために取引先へ応援要請をすることを中止し，社員・アルバイトでまかなうようにした。さらに，返品，リベート，支払期間についても契約書や覚書に盛り込むようにした。また，新店応援も口約束ではなく，取引先と同意書をかわし，報酬を支払うようになった。イオンは新店応援の日当として8,000円を支払うルールを採用している。

しかし，1954年（昭和29年）に告示された百貨店業告示では時代に合わないということで，公正取引委員会はこの法律を改正するように動いた。

公正取引委員会は，主に次の2つのことを実施した。

1）規制対象業者の拡大

百貨店業告示の規制対象業者は，「一定の売場面積を有する同一の店舗で，一般消費者により日常使用される多種類の商品の小売業を営む事業者」で，店舗面積が東京23区，政令指定都市は3,000㎡以上，それ以外は1,500㎡以上であった。

しかし，大規模小売業告示では，①一定の売場面積を有する同一の店舗で，一般消費者により日常使用される多種類の商品の小売業を営む事業者，②一般消費者により日常使用される商品の小売業を営む事業者であって，前事業年度の売上高が100億円以上（FCの本部を含む）の事業者，となった。②が付け加わったことによって，家電量販店，コンビニ，通信販売事業者などが新たに規制対象になった。

2）禁止行為の内容の拡大

大規模小売業告示では，次の①～⑩の行為が禁止されている。
① 不当な返品

② 不当な値引き
③ 不当な委託販売
④ 特売商品等の買い叩き
⑤ 特別注文品の受領拒否
⑥ 押し付け販売
⑦ 納入業者の従業員などの不当使用
⑧ 不当な経済上の利益の収受等
⑨ 要求拒否の場合の不利益な取り扱い
⑩ 公正取引委員会への報告に対する不利益な取り扱い

　この中の⑥⑧⑩が新たに禁止行為として付け加えられている。押し付け販売と不当な協賛金要求である。また，公正取引委員会に報告することは，それ以降の取引を考えるとしにくいと言われているので，報告に対する不利益な取り扱いも禁止されている。

　従来は「百貨店業告示」といわれていたが，既述のような新しい規制対象と禁止内容を決めて，これを「大規模小売業告示」（大規模小売業者による納入業者との取引における特定の不公正な取引方法）と呼ぶ。これが2005年11月より施行されている。

　なお，大規模小売業告示での不当な納入業者への対応例としては，次の①～⑤が示されている[2]。

① 不当な返品
　▶展示で汚れた商品
　▶値札をはがすと傷がつくような商品
　▶自主企画（PB）商品
　▶セール終了後に売れ残った商品
② 不当な値引き
　▶セールで値下げしたため，仕入れ価格を値下げした分だけ下げるように求める
　▶一定の利益率を確保するのを目的に，値引きを求める。
③ 特定商品等の買い叩き

▶セール商品について，納入業者の仕入れ価格を下回る価格の設定を求める。
④　押し付け販売
▶仕入れ担当者が納入業者に，自社商品の中元商品などの購入を要請
⑤　従業員の不当使用
▶新規開店時に商品の陳列をするため，納入業者に一方的に従業員派遣を求める。
▶棚卸業務の臨時アルバイトの賃金を納入業者に負担させる。

第2節　大規模小売業告示の効果

　公正取引員会は，大規模小売業告示の前後にアンケート調査を実施している。その調査概要は，次の通りである[3]。

　[調査1]　2004年10月調査：アンケート調査：調査対象者：納入業者：有効回答数，1,415社，大規模小売業者：有効回答数，232社。なお，納入業者は，①衣料品・繊維製品，②食料品・飲料，③酒類，④トイレタリー・化粧品・医薬品，⑤家庭用品・その他の商品，⑥家庭用電気製品，のいずれかを取り扱っている事業者から無作為に6,000社を抽出。大規模小売業者は①百貨店，②大型総合スーパー，③ホームセンター，④専門量販店，⑤コンビニエンスストア，⑥ディスカウントストア，⑦ドラッグストア，⑧通販業者，⑨その他の大規模小売業社（地域における有力スーパー，生協など）と区分している。発送先は350社。

　[調査2]　2009年9月調査：アンケート調査：調査対象者：納入業者：有効回答数，1,603社，大規模小売業者：有効回答数，231社。なお，納入業者は，①衣料品・繊維製品，②食料品・飲料，③酒類，④トイレタリー・化粧品・医薬品，⑤家庭用品・その他の商品，⑥家庭用電気製品，のいずれかを取り扱っている事業者から無作為に6,000社を抽出。大規模小売業者は①百貨店，②総合スーパー，③食品スーパー，④ホームセンター，⑤専門量販店，⑥コンビニ

エンスストア，⑦ディスカウントストア，⑧ドラッグストア，⑨通販業者，⑩その他の大規模小売業社（生協，農協など）の業態に区分の上，直近の会計年度の売上高が100億円以上の事業者の中から，上位の者を中心に送付している。発送先は350社。

大規模小売業告示が2005年11月施行であるから，調査1はその前であり，調査2は大規模小売業告示の施行後約4年が経ったころである。調査1も調査2も，納入業者は6つの分野の事業者であり，調査票の郵送数も回収数もほぼ同じであるから，その比較はある程度意味をもつものと考えられる。

この調査の中から，「不当な行為または要請を受けたことがある」という回答の変化をみると次の通りである。

①　不当な返品（45.7％から8.1％に低下）
②　不当な従業員等の派遣要請　（34.8％から6.7％に低下）
③　不当な経済上の利益の提供要請（40.3％から6.3％に低下）
④　不当な受領拒否（5.1％から2.3％に低下）

このように，大規模小売業告示の効果が如実に出ているという結果が示されている。

調査2から，この4つの不当な行為をどの業態が多くしているのか，あるいは要請しているのかをみると次の通りであった。

①　不当な返品（ホームセンター15.6％，ドラッグストア15.4％，ディスカウントストア10.9％）
②　不当な従業員等の派遣要請　（ホームセンター15.8％，ドラッグストア14.3％，ディスカウントストア13.1％）
③　不当な経済上の利益の提供要請（ドラッグストア12.0％，食品スーパー10.7％，ホームセンター10.5％）
④　不当な受領拒否（コンビニエンスストア5.6％，ホームセンター4.8％，総合スーパー3.2％）

このようにホームセンター，ドラッグストア，ディスカウントストアなどの業態が不当な行為をしたり，要請していることが多いようである。これらの業態を運営している企業に，大規模小売業告示の内容をよく理解してもらう必要

がある。

また，この4つの行為・要請の具体的な例としては，次のようなことが記述されている[4]。

① 不当な返品の具体例

▶取引先大規模小売業者の売場の改装や棚替えに伴い，不要になった商品が返品されたほか，季節商品の入れ替え時に多量に商品が返品された。（ドラッグストア）
▶取引先大規模小売業者の特売期間の経過後，賞味期限に関係なく商品が返品され，新しい商品と入れ替えさせられた。（食品スーパー）
▶シーズンが終わった際，売れ残った商品がキズものであるとして返品された。（総合スーパー）
▶取引先大規模小売業者の店舗の新規開店や新装開店の際の棚替えに伴い，一方的に不要となった商品が返品された。（ホームセンター）

② 不当な従業員等の派遣要請の具体例

▶取引先大規模小売業者からは，「○月○日○○店がOPENします。」という通知が一方的になされるだけであるが，これを単なる新規開店通知とみなして従業員を派遣しないでいたら，取引や棚割がなくなったという話を聞いたことがあるので，従業員を派遣せざるを得ない。（専門量販店）
▶取引先大規模小売業者の新規開店や改装に際し，従業員の派遣要請があり，自社商品以外の売場作りなどをさせられた。（総合スーパー）
▶取引先大規模小売業者が雇うアルバイトの費用を負担するように要請された。当該アルバイトは，自社商品だけでなく他社商品も販売していた。（百貨店）
▶取引先大規模小売業者の店舗に従業員を派遣したところ，当該従業員は小売業者の提携するカード会員の勧誘をさせられた。（百貨店）

③ 不当な経済上の利益提供要請の具体例

▶自社が納入した商品について，取引先大規模小売業者が衛生検査を行った際の費用を請求してきた。（総合スーパー）

▶取引先大規模小売業者が研修会などの名目で会合があった際，自社が欠席したにもかかわらず多額の参加費を請求してきた。（ドラッグストア）

▶取引先大規模小売業者がカタログを作成する際，利益が出ているのではないかと思われるほどの多額の製作費を請求してきた。（百貨店）

▶自社が納入した商品について，取引先大規模小売業者が展示に使用したにもかかわらず，処分のための協賛金を請求してきた。（ホームセンター，専門量販店）

④ 不当な受領拒否の具体例

▶特別に発注を受けて製造した商品について，売上が伸びていないことを理由に，受領を拒まれた。（総合スーパー・専門量販店・コンビニエンスストア）

このように，公正取引員会の調査では，大規模小売業告示の効果はかなり出ているという結果になっている。第8章で述べた（財）食品産業センターの毎年の調査では，一定の効果がでているものの，まだまだ不当な行為が多いという内容であった。

第3節　大規模小売業告示施行後の動向

その後も，公正取引委員会は，優越的地位の濫用に対する監視を強化し，ヤマダ電機とセブンイレブン・ジャパンに対して排除命令を出している。

1．ヤマダ電機への排除命令[5]

公正取引委員会は，ヤマダ電機に対して立ち入り検査を実施した。優越的地

位の濫用の疑いである。ヤマダ電機が家電メーカーに対する優位な立場を利用して，従業員の派遣を不当に求めていた疑いがあった。「メーカーが小売との契約に基づき，自社商品を販売するために従業員を派遣する」のは，認められている。しかし，ヤマダ電機は家電メーカーや日用品メーカーに「ヘルパー」という従業員の派遣を強要し（人件費はメーカー負担），店内清掃，開店時の商品陳列，他社製品の販売を行わせていた疑いがもたれていた。

　この動きに敏感に反応したのがヨドバシカメラである。ヨドバシカメラは，今後2年間でヘルパーを全廃し，正社員に切り替えることを発表した。ヨドバシカメラの正社員は約3,000人でヘルパーは平常時で約700人。年末などの繁忙期はヘルパーが2,500人程度になっていた。ヘルパーの廃止に伴って，年間の人件費負担は約40億円増加する見込みである。

　6月30日，公正取引委員会はヤマダ電機に対して排除命令を出した。

　新店舗オープン時の商品の陳列などのため，納入業者に従業員の無償派遣を強要したとして出された。不当な派遣人数は約16万6千人（05年11月〜07年5月）にのぼる。

　「派遣を要請したこと。他社製品も含めて商品の陳列・補充・接客を無償で行わせたこと」が優越的地位の濫用に該当すると判断した。

　ヤマダ電機は，日当5,000円と昼食代700円を支払っているが，公正取引委員会は「通常必要な費用を負担しているとは認められない」と判断した。

2. セブンイレブン・ジャパンへの排除措置命令[6]

　公正取引委員会が，セブンイレブンに立ち入り調査を行った。優越的地位の濫用容疑である。具体的には，加盟店が廃棄処分間近のお弁当を割引で販売しようとすると本部が不当に制限しているのではないかという疑いである。

　例えば，加盟店が仕入原価1個100円のおにぎりを20個仕入れて，150円で販売した場合，売り切れば加盟店の売上高は3,000円で，仕入原価2,000円，本部へのロイヤリティが粗利の50%だとして，500円で加盟店の実質収入は500円である。しかし，15個売れて，5個売れ残った場合，売上高は2,250円，仕

入原価2,000円，本部へのロイヤリティが500円なので，加盟店の実質収入はマイナス250円となる。廃棄したおにぎりの仕入れ代金も支払わなければならず，また廃棄した商品の分のロイヤリティも支払うというのがセブンイレブンのFC契約である。

　そのため，本部は店舗の品揃えのため，お弁当を大量に注文するように指導し，加盟店は売れ残りの危険を感じながら注文している。そのため，本部もお弁当の一日3回配送などを実施し，なるべく注文しやすいように工夫をしているものの，加盟店からすれば，廃棄処分間近のお弁当は5割引でも販売したいというのが本音だろう。それを本部が制限しているとすれば独占禁止法違反になる可能性が高い。

　セブンイレブンのFC契約については，しばしば問題になっている。本部に有利になりすぎているのではないかというものである。上記例でも，廃棄処分したものについてはロイヤリティをとらないというだけで，支払いロイヤリティが（2,250 − 2,000円 = 250円。250円 × 50% = 125円）125円となり，加盟店の実質収入が125円となる。

　セブンイレブン・ジャパンに対して6月22日，公正取引委員会は，加盟店に対して売れ残り商品の値引き販売を不当に制限したとして，独占禁止法違反「優越的地位の濫用」で排除措置命令を出した。

　「契約上も自由といっておきながら手足を縛り，不利益を被らせている。明らかな違反で悪質だ」（公正取引員会幹部）という声も紹介されている。

　FC加盟店が，それぞれ売上が上がり，利益を十分に得ていれば，このような問題は起こらなかっただろうが，コンビニの店舗数が増加し，競争が激化し，十分に収益を上げられなくなると，（本部は極めて高収益を上げているからこそ）本部と加盟店の費用分担，利益配分がおかしいのではないかという意見が出てくるのは当然である。実際，「夫婦二人で働いても年収400万円程度で娘を大学に行かせられない」（あるオーナー）という意見も紹介されていた。

　そのため，セブンイレブンは，すぐさま店舗で売れ残った弁当類の廃棄損失の15%分を2009年7月分から本部が負担すると発表した。

　この公正取引委員会の排除命令にセブンイレブン・ジャパンが応諾するのか，

不服として裁判をするのか，その点も注目されたが，セブンイレブン・ジャパンは，公正取引委員会の排除命令を受け入れた。そして，次のような加盟店支援策及び弁当類の値下げに関するガイドラインを作った。

① 加盟店が全額負担していた商品廃棄の損失のうち15％を本部が負担する。
② 開業5年以上のオーナーが経営する新たな店や，セブンイレブンで5年以上働いた人が独立して出店する場合はロイヤリティを最大3％引き下げる。
③ 弁当類の値下げは，販売期限前の1時間に限ること，加盟店が仕入れ価格を下回った販売価格を設定した場合には，発生した損失分を加盟店が負担すること。

セブンイレブン・ジャパンは，上述のように公正取引委員会の排除措置命令に応諾し，独自のガイドラインを作ったが，公正取引委員会は，相変わらずコンビニのFCに問題があるのではないかと考えている可能性がある。そのためか，公正取引委員会は，FC本部と加盟店との取引に関する実態調査をまとめた。この数年，本部は儲けているが，加盟店は儲からないという声が大きくなっていることもこの調査の背後にあるかもしれない。

FC加盟店（コンビニ）1,358店舗の回答を集計したものである。この中で,「募集時に本部が示した売上高や収支の予想が実際を下回った」という回答が53.0％になっていた。これを公正取引委員会は問題視している。そのため，公正取引員会はFC協会に，適正化の要請をした[7]。

第4節　独禁法改正
―優越的地位の濫用に課徴金適応―

大規模小売業告示によって，一定の効果が出てきていた。その後も，優越的地位の濫用に厳しい監視の目を光らせている公正取引員会であるが，さらに独禁法が改正され，2010年1月から，優越的地位の濫用に課徴金が課されること

になった。

　そして，その適用第1号として，公正取引委員会は，2011年6月，山陽マルナカ（岡山市）に対して独占禁止法違反「優越的地位の濫用」で排除措置と約2億円の課徴金納付を命じる方針を固めた[8]。マルナカは，3年ほど前から，新規店舗のオープン時，店舗改装などの際に，納入業者から強制的に従業員を動員したり，協賛金を強要するなどした疑いがあった。また，在庫品を一方的に納入業者側に返品していた疑いももたれている。公正取引員会は，すでに2010年5月に立入検査をしており，立ち入りか所は，本社，店舗，納入業者など20〜30カ所に及んだ。

　公正取引員会は，山陽マルナカ（売上高1,200億円程度）に対して，納入業者に従業員派遣や返品を強要していたとして，独占禁止法違反で2億2216万円の課徴金納付と排除措置を命じた。2010年1月施行の改正独禁法で優越的地位の濫用が課徴金の対象になってから納付命令は初めてである。

　公正取引委員会によると，山陽マルナカは2007年1月以降，取引先の納入業者に，次のような違反行為があったと判断した。

① 新規開店や既存店改装の際に商品陳列などにあたる従業員を必要な経費の負担なく派遣させた。
② 商品の販促効果が見込めない催事への協賛金を強要した。
③ 自社基準の販売期限切れ商品を，責任を負う理由のない納入業者に返品した。

　公正取引委員会は，2010年1月〜5月にあった合計165社への違反行為を課徴金の対象に認定した。積算した取引額の1％に相当する金額を国庫に納付するように命じた。命令は，6月22日付けで，9月26日までの納付を求めている。

　算出方法は，違反行為をした日からその行為がなくなるまでの期間における違反行為の相手方との取引額の1％である。公正取委員会によれば，山陽マルナカの違反行為は遅くとも2007年1月から行われていたが，改正独禁法施行前までさかのぼって課徴金を適応できないため，2010年1月から公取が立ち入り検査に入った同年5月18日までにあった165社に対する違反行為が対象となり，2億2,216万円という数字がはじき出された。法律で定めている最長3年ま

で遡って，適応されていれば課徴金の額は18億円程度になっただろうと推測されている。その後，2011年12月に日本トイザらスに対して，「優越的地位の濫用」で排除措置と3億7千万円の課徴金納付を命じ，同じ年の12月にエディオンに対して，「優越的地位の濫用」で排除措置と約40億円の課徴金納付を命じでいる。

　小売業は利益率が極めて低いので，この課徴金の高さには驚いたかもしれない。小売業としては，手ごわい法律である。そのため，バイイング・パワーの行使を抑制する効果が大きいかもしれない。このように21世紀になってから，公正取引委員会は，優越的地位の濫用を規制する動きを強化してきている。

　その上，下請けルールの強化も実行してきている。2017年1月12日の日本経済新聞に一面広告が掲載された[9]。その内容は「下請取引ルールを強化しました」という経済産業省と中小企業庁と公正取引委員会の表示があるもので具体的には，公益財団法人全国中小企業取引振興会が広告主であった。「下請かけこみ寺」という広告が掲載されていた。

　ルールの見直しの概要としては，以下の3点である。
① 下請法の「運用基準」を改正し，一方的な原価低減要請，金型保管コストの押し付けなどの違反行為事例を大幅に追加したこと。
② 下請振興法に基づく「振興基準」を改正し，親事業者と下請事業者が守るべきルールを明確にしたこと。
③ 下請代金の支払いに関する「通達」を改正し，可能な限り現金払いとすることなどを要請したこと。

　さらに。親事業者（発注者）の皆様へという記載があり，次のことは止めましょうと記載されている。
▶一方的な原価低減要請は止めましょう。
▶対価には燃料費や労務費等のコストが上昇した影響を反映しましょう。
▶金型・木型の保管コストは親事業者が負担しましょう。
▶代金の支払いは現金で。手形の場合は親事業者が割引料を負担しましょう。
▶手形の支払いサイトは60日以内に短縮するように努めましょう。

　このような下請法の広告をしたのは，近年，小売業のPB生産において，し

ばしばこの下請法違反の事案がでているからである。そのため，下請法があって，その内容を正しく知っていただくことによって，違法行為をなくそうという試みである。

　以上のように，法的には，大規模小売業告示，独禁法，下請け防止法によって，流通業のバイイング・パワーの不適当な行使を防止するように努めてきている。

注記

1) コーナン商事，ユニーなどの対応については，『日経MJ』2005年6月29日号を参考にした。
2) 公正取引委員会（2005）「『大規模小売業者による納入業者との取引における特定の不公正な取引方法』の告示について」の「参考1」による。
3) ［調査1］と［調査2］は，それぞれ公正取引委員会事務総局（2005）『大規模小売業者と納入業者との取引に関する実態調査の結果について』と公正取引委員会事務総局（2010）『大規模小売業者と納入業者との取引に関する実態調査報告書』による。
4) 公正取引委員会事務総局（2010）前掲書，11, 16, 20, 23ページ。
5) ヤマダ電機の事例については，『日本経済新聞』2007年5月31日号（夕刊），『日本経済新聞』2008年7月1日号及び『日経MJ』2008年7月2日号に依拠している。
6) セブンイレブン・ジャパンの事例については，『日本経済新聞』2009年2月20日号（夕刊），『日本経済新聞』2009年2月21日号，『日本経済新聞』2009年6月23日号，『日本経済新聞』2009年6月24日号及び『日経MJ』2009年6月24日号に依拠している。
7) 公正取引委員会事務総局（2011）「フランチャイズ・チェーン本部との取引に関する調査について」による。
8) ・山陽マルナカの事例については，『日本経済新聞』2011年6月3日号及び『日経MJ』2011年6月29日号に依拠している。
9) 『日本経済新聞』2017年1月12日号に依拠している。

第10章
英国の知恵に学ぶ
チェーン小売業対応戦略

―トレード・マーケティング戦略と
キーアカウント・マネジメントから学ぶ―

　小売業のバイイング・パワーに対して，消費財メーカーがどのように対応していくべきかについて参考になるのは，日本よりも小売集中度が高い国の消費財メーカーが，その国のチェーン小売業に対してどのような考え方で，どのような活動をして対応しているのかを理解することである。

　この章では，小売集中度が日本よりも高いイギリスの消費財メーカーの大手チェーン小売業に対する考え方，活動を見ていきたい。例えば，ユニリーバは，20世紀末の段階で，イギリスのトイレタリー部門の売上の95％は5大マルチプルズ（チェーン小売企業のこと）とドラッグストア・チェーンのブーツへの販売であった[1]。

　小売段階での販売が数社に集中しているとすれば，メーカーの営業の仕方も，チャネル戦略も当然変わってくる。そのため，イギリスではチャネル戦略やチャネル管理というタイトルで書かれた専門書はない。その代わりに，それに該当すると思われるものにトレード・マーケティング戦略があり，また参考になるものとしてキーアカウント・マネジメントがある。この章では，その両者から学ぶべき点を整理したい。

第1節　トレード・マーケティング戦略から学ぶべき点

1. トレード・マーケティング戦略の発想

　伝統的なマーケティング・マネジメントが消費者ないしはその一部をターゲットとして，彼らのニーズやウォンツを調査し，それを満たすための製品を開発し，それを効率よく提供し，販売するためのノウハウを整理したものだとしたら，トレード・マーケティング戦略は流通業者，特に大手チェーン小売企業をターゲットとし，伝統的なマーケティングや戦略的マーケティング論のノウハウや概念を適用したものと理解される。

　チャネル戦略はマーケティング・ミックスの一手段であり，マーケティングの下位概念であるが，トレード・マーケティング戦略はマーケティングの一部であっても，マーケティングの下位概念ではなく，ブランド・マーケティングと並列的ないし同等に議論されるものである。つまり，日本ではブランド・マネジャーないしプロダクト・マネジャーがそのブランドないし製品のマーケティング戦略を調整し，コントロールし，目標とする売上高や利益ないしシェアの達成を目指すが，英国ではブランド・マネジャーとトレード・マーケティング・マネジャーが組織の上では対等であり，まさに車の両輪のようにマーケティングを遂行して行くのである。その相違はブランド・マネジャーのターゲットが消費者であるのに比べ，トレード・マーケティング・マネジャーのターゲットが大手チェーン小売企業であるという点である。したがって，メーカーの流通対策はトレード・マーケティング・マネジャーが中心となって立案される。

　トレード・マーケティング戦略の最大の特徴は，ターゲットが大手チェーン小売企業であるということである。「小売業者を流通チャネルの一構成員としてみるのではなく，顧客として考える」[2]とあるように，ターゲットというよりむしろ顧客というほうが正しい。顧客である以上，顧客（ここではバイヤーと考える）の属性を知る必要がある。顧客の学歴,誕生日,家族構成,趣味,キャ

リア，企業内のポジションなどを知る必要がある[3]。また，顧客の持っている問題点や小売企業の戦略等も知っておく必要がある。メーカーからすれば，大手チェーン小売企業の対応次第で，自社の業績が直接左右されるので，その仕入れ担当者に対しては出来る限りの対応をする。「もし取引先のバイヤーが病気になれば，花かカードを送り，誕生日にはなにがしかのプレゼントを送っている。接待を定期的に行ったり，さりげなく行うことは時間の無駄である。接待するなら，記憶に残るような接待をしなければいけない。1年を通じてみれば費用は同じである」[4]というインタビューにみられるように，バイヤーに対しては，日本のメーカー以上に商談の機会以外にもキメ細やかに対応している。なぜなら，顧客との長期的に良好な関係を構築することが重要だという認識が定着しているからである。顧客が自社の商品を仕入れなくなったら，メーカーにとっては深刻な問題になるわけだから，顧客と良好な関係を結び，情報交換をし，双方にとってメリットのある方向に導いて行くことが大切である。

　もちろん，すべてのメーカーがこのように認識しているわけではない。トレード・マーケティング戦略の概念が導入されていない企業もある訳で，それらのメーカーの中には大手チェーン小売業を顧客というより競争者と認識しているところもある。小売業を競争者と見るのは，小売業者がPBを開発し，販売しているからである。このような認識をしているメーカーと大手チェーン小売企業とは緊張関係にある。

2．トレード・マーケティング戦略の内容

　大手チェーン小売業を顧客としてみるのであるから，顧客を知ることからスタートする必要がある。バイヤーの仕入れ過程の研究，小売業としての方針等，小売ビジネスの理解が欠かせない。その上で，トレード・マーケティング・ミックスの検討に入るのであるが，デービスはそれ以外に，特に，PB問題とサプライチェーン管理が重要であるとして，取り上げている。

(1) PB問題[5]

小売企業がPBを開発し，販売したがる理由としては，以下の3点を指摘している。

① 競争対応のため：競争業者と品揃えの上で差別化するため。
② 顧客の店舗ロイヤリティ強化のため：PBが支持されたら店舗ロイヤリティを強化することができる。
③ より多いマージンを獲得するため：メーカーのプロモーション費用等が含まれないからその分だけ高いマージンを得ることができる。

PBはすべての国で，すべての商品分野で高い割合を示しているのかという疑問に対しては国により異なり，製品の種類によって異なると述べている。国によって異なるのは，それぞれの国によって小売集中度が異なるからである。なぜなら，その国の小売集中度とPBの割合が正の相関をしているからである。また，PBの販売割合が高い国でも，商品の種類によって異なる。英国ではグローサリーは一般にPB比率は高い[6]が，菓子は低い。また，ワイン，履物，男子用衣料品は高いが，金物，陶器は低い。また，自動車，新聞にはPBがない。

なぜ，PBの割合が製品によって異なるのかという疑問に対しては，次の4つの理由を指摘している。

① 技術水準：技術水準が低いとPBは作りやすい。
② 過剰な生産能力：過剰な生産能力は競争を激しくし，メーカーの小売業に対する交渉力を弱め，PB生産をする可能性が高くなる。
③ 差別化やブランド力が欠如している商品群では，PBの開発が行われやすい。
④ 市場にギャップがある場合：消費者の求めるものをメーカーが供給しない時に，その隙間を埋めるPBが開発されやすい。

この他に，国によって法律が異なるという理由も考えられる。例えば，アメリカではロビンソン・パットマン法があるのでホールセールクラブ等には専用商品の提供が多くなっている。また，一般にNBの品質が低下するにつれてPBとの価格差が少なくなり，小売業者はPBの開発や改良に積極的になると述べている。

同じ国の中でも小売企業によってPBの割合が異なるのはなぜかという疑問がある。この点については，もちろん，企業によって方針が異なるからであるが，小売企業の従業員に占める技術者の割合が重要になる。小売企業の技術者の割合はPBの販売比率と正の相関を示している。このデータは日本の小売企業には興味のあるデータであろう。

　トレード・マーケティングの中で最も重要な問題だというPBに対して，メーカーはどのように対応すべきなのだろうか。メーカーの対応としては①PBだけの生産に特化する，②NBだけしか生産しない，③PBとNBの両方を生産するという方針がある。それぞれの方針をどう評価すべきなのか。この点についてデービスは次のように見解を述べている。

①の方針について：成功するかもしれないが，小売業者に手錠をかけられていることを忘れてはいけない。

②の方針について：多くのリーデングメーカーはこの方針である。この場合の成長計画は第2ブランドを駆逐するかヨーロッパ全体に販売エリアを拡大するかである。

③の方針について：両方を一緒にやることは非常に危険性が高い。ただし，デービスの論理は牛乳のPBとNBを生産する場合だけで，牛乳はPBだけ，ヨーグルトはNBだけという方針は議論されていない。

PB問題については，次章で詳しく議論する。

(2)　サプライチェーン・マネジメント[7]

　デービスによれば，物流管理とロジスティクスとサプライチェーン・マネジメントは異なる概念である。物流管理は最終製品の移動と保管に関連する統合された活動である。60年代に物流管理が注目された理由としては，コスト削減，特に在庫コストの削減が求められたからであると説明している。ロジスティクスは生産者から顧客までの原材料，部品，最終製品の移動と保管を戦略的に管理する一連の活動であるとしている。デービスは，ロジスティクスは物流管理とメーカーの購買部門の分野であった原材料管理の概念とが結び付いて1つのシステムとなったものだと解釈している。物流管理からロジスティクスが強調

されるようになったのは，コストからサービスの質的向上，顧客ニーズへの敏感な反応に焦点が移ったからだと述べている。

　ロジスティクス管理の究極は，必要な原材料や最終製品を必要なときに，必要なだけ届けるというジャスト・イン・タイム（JIT）の概念だという。このJITを実現するためには，物流管理やロジスティクス管理より広範囲な統制が必要とされる。そこに，サプライチェーンという概念が出てきた。サプライチェーンとは生産者から顧客までの原材料，部品，最終製品を計画し，調整し，統制することに関連する一連の活動である。また，サプライチェーン・マネジメントは製品，半製品，原材料の供給と製造に含まれるすべての活動を適切に統制する事によって消費者への製品の供給を組織することであると述べている。

　「製造業者はブランド愛顧を再構築するだけでなく，少なくともサプライチェーンの統制を含む他の方法を開発する必要がある。同時に，トレード・マーケティングは，サプライチェーン全体にもっと関心をもつ必要がある」と述べている。これは，大手チェーン小売業にパワーが移った状態で，メーカーは基本的にはブランド力を強化しようとしているが，それ以外に，サプライチェーン・マネジメントの概念の中でメーカーとしてやれることを探索しようという主張のようである。サプライチェーン・マネジメントを論じている章の最後に，QR（クイックレスポンス）と情報共有の話が出てくる。そして，サプライチェーンの構成員が協働したり，協調することによってサプライチェーン全体の在庫削減やサービスの増加が実現できる可能性があることを主張している。

　デービスのサプライチェーン・マネジメントの論述の中に出てくる例は，いずれもマークス＆スペンサーのPBである。そのため，サプライチェーン・マネジメントの概念も小売企業がPBを開発し，販売するときを想定しているように思う。大手のマルチプルズはいずれもPBが比較的多いので，NBメーカーとマルチプルズが情報共有して，双方の在庫削減のために協働するということは，アメリカや日本以上に考えにくい。NBメーカーにとって，マルチプルズはPBをもっているだけにライバルであり，共通の目標を設定しにくいからである。

かつて加工食品業界では，ECR（Efficient Consumer Response,効率的消費者対応）が重要課題になっていた。その基本的考え方は，消費者に提供する価値を最大化するために，メーカー，卸売業者，小売業者が敵対するのではなくお互いに緊密に協業する戦略である。そのために，メーカー，卸売業者，小売業者が連携し，サプライチェーン全体のコストを徹底的に削減しようとするものである。アメリカでECRが実現できれば，加工食品業界で300億ドルの経費削減，流通在庫期間は104日から61日になり，サプライチェーンの在庫は41％削減すると予想されている[8]。これだけのコスト削減ができれば，消費者へ提供する商品の価格も低下し，ホールセールクラブやスーパーセンターにシェアを取られつつあるスーパーマーケットは再び，かつてのシェアを取り戻せるはずだと主張している。アパレル業界のQR，食品業界のECR，これらにいち早く取り組んで，システムを構築した企業が競争優位を確立できるというのが推進派の主張であった。

3. トレード・マーケティング・ミックス[9]

デービスは，マーケティング・ミックスの概念を援用して，トレード・マーケティング・ミックスを展開している。トレード・マーケティング・ミックスの手段としては，①プロモーション，②販売，③サービス，④製品，⑤交渉，⑥空間，の6つをあげている。

① プロモーション

ポイントは販促費の使い方である。広告，トレード・プロモーション，価格プロモーションに販促費をどの程度の割合で振り分けるかである。80年代にアメリカでは流通業者に自社商品を在庫してもらったり，自社商品の販売促進をしてもらうために支出するトレード・ディールが非常に増加し，広告費の割合が減少した。それに対する90年代初頭のP&Gのバリューマーケティング（流通業者に対する支出を削減し，その分，出荷価格の引き下げ，広告費支出の増加，積極的製品開発予算の増加を実施した）が想起される。小売企業が大規模

化すると彼らにパワーが出てくるし，メーカーとしては彼らに自社商品を品揃えしてもらい，その店頭露出を最大化するために，彼らへの支出が多くなる。デービスは「トレード・プロモーションは単に取引が行われている年の販売数量を変動させ，メーカーと流通業者との間に問題を引き起こすだけで，最終的な効果はほとんどない」と考えており，また，消費者プロモーション（特売やクーポン）は長期的にはブランドの価値を低下させるのではないかという危惧を抱いている。そして，広告は直接的な販売効果が分かりにくいが，ブランドの価値を高めるには有効だという考えを示している。小売集中度が高くなるほど，メーカーとしてはブランド力を強化する必要があるので，販促費の中で広告費を急速に低下させることはできにくい。

② 販　　売

ここでは食品メーカーの営業マンの数が80年代に，英国で1/3に減少したことを指摘している。そして，一般に，地域担当の営業マンが減少し，チェーン小売業の本部担当の営業マン（トレード・マーケター）が増加する傾向にあることを指摘している。

③ サービス

サービスについては多くのことが記述されていない。「サービスの品質を小売業者がいかに感じているかを評価することも，トレード・マーケターの役割の一部になるべきである」と述べているにすぎない。このサービスを手段として考えている理由としては，小売業との交渉の際，価格以外の要素での商談を行うことが必要だと考えているからである。サプライチェーン・マネジメントの問題等がこのサービスの中心となる。具体的には，小売業の在庫水準を低下させる方法，納品欠品，店頭欠品の防止策等である。

④ 製　　品

小売企業のバックヤードでの作業，店頭での補充作業，棚の大きさ，最低発注単位等を考えた場合の製品の1ケース当たり入り数の問題，このケースをい

くつか集めて段ボールに収めたものを外装というが実務的には1梱である。この外装に何を印刷するのか，バーコードだけなのかITFと呼ばれる物流バーコードだけなのかその両者なのか等が具体的問題として出てくる。もちろん，製品開発ではPBに模倣されないためにも，製品開発の期間の短縮と技術誘因型イノベーションが重要になって来ている。

⑤ 交　　渉

小売集中度が高くなってくると，個々のチェーン小売企業との交渉が極めて重要になってくる。「このような状況でメーカーの理想的な対応は，非価格要因の1つに交渉対象を移す手法を採りながら，価格交渉でリーダーシップを持つことである」と述べている。ここでいう非価格要因とはそのチェーン小売企業の専用商品の開発であったり，小売スタッフの教育訓練であったり，サプライチェーン・マネジメントに関することであったり，売れる売り場作りの提案などである。

⑥ 場　　所

商品を販売する地理的空間の問題である。英国の一部の地域に販売するのか，英国全体に販売するのか，英国以外のヨーロッパの一部の国にも販売するのか，ヨーロッパ全体に販売するのかといった意思決定も考慮するべきだという考えである。英国だけに限定して考えると，大手のマルチプルズにどうしても販売していかなければならないため，チャネル選択の余地は少なくなるが，ヨーロッパ全体を考えると，イタリア，スペインなど小売集中度の低い国もある。そこではメーカーがリーダーシップを取れる可能性が高い。そのため，チャネル選択の余裕度も大きくなる。

4. トレード・マーケティング戦略から学ぶべき点

デービスの見解を中心に，トレード・マーケティング戦略の内容を検討してきた。ここから次のような示唆が得られた。

(1) チェーン小売企業ごとの戦略の理解と評価が重要

英国では消費財メーカーはいかにマークス＆スペンサーが有力小売企業であっても，品揃えの100％がPBであるから，NBを販売することはできない。逆に品揃えがNB100％であるクイックセーブも有力なマルチプルズであるが，2000品目程度に製品の品揃えを限定し，メーカーが安く販売している商品だけを買い付けて販売する商法なので，定番製品は相対的に少なくなる。このチェーンに販売するため，メーカーとしては期間限定の特売をするしかない。小売集中度が高い上に，小売企業がそれぞれ個性が強いので，メーカーとすればどの小売企業に販売し，どの小売企業とは取引しないのかを決める必要がある。そのため，各小売企業の方針の理解と顧客収益性分析は必ず必要となる。

デービスは顧客ポートフォーリオとしてメーカーの販売依存度とメーカーの利益を軸に顧客を分類する例を上げているが，このような分類軸は様々に考えられる。重要なのはメーカーの顧客である小売企業別の収益性を明らかにしておくことである。

英国に比べれば，日本の小売企業は相対的に個性が弱い。そのためか，どこの小売企業に対しても全方位的に取引をしていこうとする消費財メーカーが多いが，顧客収益性を分析したうえで，それぞれの小売企業との関係をどのようにしたいのかをもっと明確にしていくことが必要になってきているように思う。

(2) 長期的良好な関係作り

長期的関係よりも，今，発売する商品をいかに小売企業に品揃えさせるかに奮闘しているのが，日本の多くのメーカーの実態ではないだろうか。長期的良好な関係を構築していくためには，もっとバイヤーを知る必要があるし，チェーン小売企業の研究をする必要がある。この点については，メーカーのトップから意識を変えて行く必要がある。

(3) プロモーション費用の使い方

日本でも流通対策費が膨大になって来ており，しかも，その支出金額が店頭

で自社商品の販売促進のために使われているのであれば良いが，小売企業の収益源になっているのであれば，メーカーとしては問題視せざるを得ない。まさに，80年代のアメリカの問題と似ているのである。年契をどうするべきか。流通対策費を店頭で自社商品の販促のために使ってもらうためにはどうすべきか。顧客収益性の分析も考えて判断していく必要がある。

（4）　非価格要因の提案が重要

　現在の日本ではいわゆる提案営業が全盛である。相手の利益になり，自社の製品の販促にも繋がる提案をするというのが中心である。クロスマーチャンダイジングの提案も多くなっている。これも価格交渉を全面に出さない交渉の仕方である。ただし，日本の場合にはその価格以外の面の範囲が狭い。基本的にはどのようにすれば店頭活性化につながるかという問題に範囲が絞られているように思う。デービスの提案にあるように，もっと価格以外の要因の範囲を拡大していく必要がある。

第2節　キーアカウント・マネジメントから学ぶべき点

　キーアカウント・マネジメントは，消費財メーカーと大手チェーン小売業との取引を想定して発展したものではなく，むしろ，汎用コンピュータを大規模企業や大規模な非営利組織体に販売するような場合に適した考え方であり，産業財やサービスの分野で大口得意先への販売に応用されているように理解される[10]。ただし，小売企業が大規模化してきているので，その考え方はメーカーと大規模小売企業との間にも応用できる点が多々あるように思われる。

　そこで，ここではキーアカウント・マネジメントの中から，消費財メーカーと大規模小売企業との取引にも応用できそうな考え方を中心に検討して行きたい。

1. キーアカウントの認知階段

　一般的に，キーアカウントとは大口取引先であると考えられるが，次のように理解されることもある[11]。
　① 恒常的に高収益を生み出す取引先
　② 売上を増加させる機会を提供する取引先
　③ 忠実なビジネスパートナー（あるいはアドバイザー）を求めている取引先
　④ 戦略的に重要な産業や市場のオピニオンリーダーである取引先
　大口とは売上高で考えられることが多いが，大口でさらに上記の①〜④の幾つかに該当する取引先がキーアカウントであると理解される。
　このようなキーアカウントが企業にとって重要な理由は，次のように4点に整理される[12]。
　① 恒常的に高水準の利益を期待できる。
　② 販売コストの低下：セールスマンを配置し新規顧客を開発するより既存顧客との取引を拡大していく方が販売コストが低い。
　③ 将来の投資計画が作りやすい：頼りになる販売先をもっていれば，投資計画が作りやすい。
　④ 市場についての知識を改善することができる：キーアカウントのニーズについて深い知識を持つようになるため。
　つまり，キーアカウントとの良好な関係が維持できれば，長期的に上記のことを提供する可能性が強いのである。したがって，キーアカウントとの良好な関係作りということが重要となる。そのためには，キーアカウントが当該企業をどのように評価しているかが問題である。例えば，それは以下のような項目をチェックすることによって推定できるかもしれない[13]。
　▶キーアカウントは当該企業の製品の粗探しをしているか。
　▶当該企業の担当者とビジネス上の問題を議論するのを楽しんでいるか。
　▶当該企業の担当者が訪問した時，快く会ってくれるか。
　▶当該企業の競争業者と会うのを引き伸ばしているか。

▶時々当該企業の担当者を叱るか。
▶当該企業がキーアカウントを助けていると想像しているか。
▶時々競争業者の製品を選択しているか。
▶当該企業がキーアカウントを必要としているのと同様にキーアカウントは当該企業を必要としているか。

より正確には,当該企業をキーアカウントがどのように知覚しているかである。それを「顧客の認知階段」と呼ぶことがある[14]。この認知階段は4段階で,レベル1から4まである。

① レベル1：単なる取引先

キーアカウントにとって,正に当該企業は差別化された製品も提供していない,単なる商品の供給者である。価格は購買意思決定に影響を及ぼす唯一の要因である。レベル1の特徴は,顧客の忠実性はゼロで,価格感応性は無限だということである。

② レベル2：差別化された製品を提供する取引先

キーアカウントにとって,当該企業は製品プラス若干のベネフットを提供している。価格はやはり競争業者の製品と識別するための主要な要因である。競争業者は当該企業の製品の価格と同じにすることが出来る。購買者はやはりさらなる価格の引き下げを求めるだろう。レベル2の特徴は,価格感応性は高く,顧客忠実性は低いということである。

③ レベル3：有益な取引先

キーアカウントから見ると,当該企業は彼らの目標達成に協力する付加価値を提供する取引先である。レベル3は格好の地位である。この特徴は,価格感応性はやや小さく,顧客忠実性は高いという点である。

④ レベル4：ビジネスパートナー

キーアカウントは,当該企業を仲間とみなしている。キーアカウントは,当

該企業が製品とともに戦略的アバイスや洞察を提供しているとみなしている。継続的に顧客の成功に貢献する。当該企業は長期的な関係を構築した。このレベルの特徴は，価格感応性は小さく，顧客忠実性は極めて高いという点である。

　キーアカウント・マネジメントでは，ビジネスパートナーになるのが目標である。そのために，レベル1の場合はレベル2に，レベル2の場合はレベル3になることが当面の目標となる。基本的には，レベル1の場合は，競争業者から当該企業の提供するサービスを差別化することである。そのためにも製品のベネフィットを販売することを考え，製品コンセプトを明確にする必要がある。レベル2の場合には，顧客のビジネス目標を反映した予算を設定することが必要である。当該企業の努力がキーアカウントにとって真の価値を創造するのに焦点が当てられるのを確実にすることが大切となる。レベル3の場合には，機会の発見，例えば，小売企業の問題点をメーカーが共有して，共に考えること等が重要になる。当該企業とキーアカウントの両者の成長を助ける予算と戦略を設定することが必要である。そのためにもキーアカウントの計画をデザインすることを考えるべきである。それを実行するには，意思決定者と強力な関係を作り，当該企業の担当者自身を戦略的にキーアカウントの組織内に位置づけるようにする必要がある。そして，キーアカウントを通じて当該企業の担当者に対する当該企業の肯定的な認識を生み出し，日々キーアカウントと専門的に積極的に付き合い，キーアカウントと新しいビジネスに取り組むことが必要である。

2．関係性の管理[15]

　まず，差別化された製品やサービスを開発することが必要である。その製品やサービスを所有したら，次に，キーアカウントがなぜ交渉のテーブルにつく必要があるのかを伝えるメッセージを確立する必要がある。つまり，如何に当該企業が提供する製品・サービスがキーアカウントの成功を助けるかを明らかにする必要がある。

次に，キーアカウントの意思決定者が誰なのか，意思決定者に対して影響を及ぼす影響者が誰なのかを知る必要がある。さらに，キーアカウント内で次の人を見つける必要がある。「情報提供者」つまりキーアカウント内で生じた不確定な情報を当該企業に提供してくれる人やキーアカウント内で誰がどんなことをしているのかを教えてくれる人，あるいは当該企業にビジネス上のアイデアを教えてくれる人である。情報提供者にはこの人の助けを頼み，その見返りに価値のある情報を提供する必要がある。また「反協力者」も必ずキーアカウントにはいる。反協力者は競争業者の製品だけを推薦したり，当該企業のアイデアには常に否定的で当該企業の努力を壊そうとする人である。この人とは少なくても中立的関係を開発するように努めるべきである。ただし重要なことは，これらの人々はしばしば重複するということである。例えば，小さな購買の意思決定者は大きな購買の影響者であることが多い。情報提供者はまた影響者であるかもしれない。

また，キーアカウントの政治状況についても知っておく必要がある。それによって，主要な接触は組織内ですべきか，あるいは誰が本当のパワーをもっているのか等が分かるようになる。誰が実質的権力者か，誰が出世株なのか，派閥はあるかなどを知る必要がある。

同様に組織図を知ることは大切である。そして，キーアカウントと強い絆を築くためには，ミラー関係を構築する必要がある。ミラー関係は両方の会社の同じ機能（役割）を担当する人同士が信頼関係を構築した結果である。いわゆる，バタフライ型からダイヤモンド型へという考えで，それぞれの担当者同士の信頼関係を構築した結果をミラー関係と言っている。この関係を構築させるためには，それぞれの人をいかにして会わせるかという工夫も必要であるが，ゴルフ大会，各種会合，展示会，各種連盟の行事などを利用することが多い。

また，キーアカウントの株主，非競争供給業者，貴社の株主，取引組織，コンサルタント等の外部団体や外部の人が当該企業のためにキーアカウントに影響を及ぼすことがある。

3. マーケティング・コミュニケーション[16]

　関係性の管理のためには，キーアカウントについての豊富な知識とともに，様々な人とのネットワークを築くことが必要となる。また，キーアカウントが必要としている知識・情報を十分に持っていることをキーアカウントに伝える必要がある。そのために，マーケティング・コミュニケーションの計画をいつでも作っておくことが大切である。具体的には，伝えたいメッセージを明確にし，最適なコミュニケーション手段を選択することである。

　典型的なメッセージは，次のことを取り扱う。

① 当該企業について：規模，マーケットシェア，イノベーション，専門技術
② 製品・サービスについて：ベネフィット，現在の開発計画
③ キーアカウントの事業における傾向
④ キーアカウントが直面している重要な市場問題：技術の変化，顧客の人口動態，政府の規制，新たな競争業者等

コミュニケーション手段としては，以下のようなものが挙げられる。

① 社内報や社内新聞
② キーアカウントのための定期刊行物
③ セミナー：キーアカウントのためにその時，問題になっているテーマについてセミナーを企画すること
④ キーアカウントの会社の会議：ここで報告すること
⑤ 業界団体，協会：これらの研究集会で積極的に話し，当該企業がオピニオンリーダーであることを例証すること
⑥ 論文集，業界新聞，業界雑誌：キーアカウントが当該企業や当該企業の担当者が専門家であると見なすように適切な雑誌に論文を書くこと
⑦ 会社の接待：モーターレースからクリケットまで，これも重要なコミュニケーション手段

4．キーアカウント・マネジメントから学ぶ点

（1） 関係性の管理

　チャネル戦略では「管理」が1つの重要なキーワードだった。しかし，大規模化した小売企業を管理できないとなると，すぐに協調とか協働がキーワードとして登場してきた。このキーアカウント・マネジメントでは，最初から管理できない取引先を想定しているから，「関係性の管理」を考えている。これはチャネル戦略にとっても参考になる。どの小売企業とはどんな関係になりたいのかを考え，その関係になるために何をしようかと考えるのである。

　日本の消費財メーカーは，そのような「関係性の管理」という発想がなく，単に小売企業の立場に立った様々な提案をしようと努力しているように見える。関連陳列を含む店舗での商品の陳列方法，棚割りの提案，季節に合った販促企画，店頭情報の収集とその伝達など様々な活動をしている。しかし，「関係性の管理」という発想がないため，キーアカウントの組織の研究などは不十分なように感じる。

（2） 取引相手の評価

　日本の消費財メーカーにとって，キーアカウントとはどの取引先なのだろうか。かつては間違いなく有力な卸売企業であったはずである。現在は，卸売企業の販売力が低下しているので，大手のチェーン小売企業であることが多いと思われる。日本の消費財メーカーの広域営業本部等は大手の10大小売企業などを対象とした組織であることが多いので，その10社程度の小売企業がメーカーにとってのキーアカウントとなっているのだと思う。しかし，それらのキーアカウントからの納品価格の引き下げ要請などは強いので，必ずしもビジネス・パートナーになっているとは考えにくい。

　キーアカウント・マネジメントでは，4段階の顧客認知階段を仮説に上げている。この仮説が有効かどうかについては議論の余地があろうが，これに類似した仮説をメーカーが設けて，常にそのどの段階に自社がいるのかをチェック

することは有益だと思う。単に，自社の年間販売額や利益目標を達成すればいいという考え方では，小売集中度が高くなるにつれ不十分になってくると思う。また，ビジネス・パートナーになることが最終目標なのかを考えてみる必要がある。

(3) 自社の優位性をいかにキーアカウントへ伝えるか

自社が業界のリーダーであるということを小売企業に認識してもらうことは重要である。業務内容は秘密であるとして各種セミナーや研究会などでメーカーが事例報告をするのを拒む企業も少なくないが，むしろ積極的にそのような場にも登場し，業界のリーダー（品質管理でのリーダー，効率的物流システムの構築でのリーダー，小売店頭活性化のリーダー等）であることを認識してもらうことが重要である。メーカーは自社の品質が優れていることを理解してもらおうとバイヤーを工場や倉庫あるいは原料の産地に招待してセミナーを開催したり，時には海外研修に招待したりしているが，このようなことも有益であることが分かる。また，企業の人はあまり論文を書かないがそれも必要であることが再確認される。かつて，あるメーカーはチェーン小売業に対する専門誌を刊行しており，バイヤーや店舗担当者に評価されていたが，このような事も重要である。量販店部，広域営業本部，チェーンストア部などは広報部と協力して，自社が業界の中でどこが優れているのかをキーアカウントに知らせる活動を組織的に展開することが重要になっていく。

注記

1) 1997年に筆者が，ユニリーバのロンドン本社でのヒアリング調査で聞いた内容の一部である。なお，ブーツ1社で売上依存度は19％だそうである。
2) Davies, Gary (1993), *Trade Marketing Strategy*, Paul Chapman Publishing Ltd., p.219.
3) デービス教授の娘はNextのバイヤーであるが，彼女が香港出張のおり，ホテルで宿泊した翌朝，花束が届けられたそうである。カードには「誕生日おめでとう」と記されていた。なお届けたのはある納品業者であったそうである。英国に帰国した後，なぜ，彼が自分の誕生日を知っていたのか，なぜ香港のあのホテルに泊まっていたのがわかったのか不思議だと言っていたそうである。こ

のエピソードからもわかるように，大手小売企業に販売する側はバイヤーの履歴書やそのスケジュールを把握していることが多い。
4) Davies, Gary, *op.cit.*, p.63.
5) この項は，*ibid.*, chap.6に依拠している。
6) グローサリーにおける英国のPBの販売比率は，テンプラ油53.3％，マヨネーズ68.6％，乾燥パスタ麺58.6％，ジャム48.3％，トイレットペーパー39.3％，洗剤7.2％，キャットフーズ9.0％，リアル27.8％，紅茶27.8％，コーヒー12.8％，ミネラルウォーター34.5％，缶入りスープ12.0％等である（Randall, Geoffrey (1994), *Trade Marketing Strategy*, Butterworth-Heinemann, p42.)。
7) この項はDavies, Gary, *op.cit.*, chap.7に依拠している。
8) 村越稔弘監訳（1994）『ECR流通再編のリエンジニアリング』（株）NEC総研，3ページ。
9) この項はDavies, Gary, *op.cit.*, chap.9に依拠している。
10) 例えば，Langdon, Kenは下記のようなキーアカウント・マネジメントの本を書いている。彼は世界的に活躍しているコンサルタントであるが，彼の実務経験はコンピュータ・システムを企業や非営利団体に販売することであった。その経験を基に，英国やアメリカの主要なコンピュータメーカーに販売の仕方を教えている。その経験を基に書かれたのが，次の著書である。Longdon, Ken（1995），*Key Accounts are different-solution selling for Key account manegers-*, Pitman Publishing.
11) Jones, Roger E.（1997），The *Key Account Manager's Pocketbook*, Manegement Pocketbooks, p3.
12) *Ibid.*, p4.
13) *Ibid.*, p14.
14) *Ibid.*, pp15-21.
15) この項は，*ibid.*, chap.5に依拠している。
16) この項は，*ibid.*, chap.6に依拠している。

第11章
シェア NO.1 メーカーは PB を製造すべきか

　日本でも小売業のPBが売上高を伸ばしている。例えば，2010年の日本の食品のPBの売上高は2兆1586億円であったが，2017年には3兆2093億円になるという予測もある[1]。それだけPBを供給する消費財メーカーも増えてきていることが予想される。消費財メーカーがPBを供給する一般的理由は，工場の操業度を上げるためである。そのため，計画的に販売できにくい下位メーカーほどPBを供給する傾向がある。小売業の集中度が高まるにつれて，今後もPB供給をするメーカー数は増えるものと考えられる。

　しかし，業界シェアNO.1の消費財メーカーがPBを供給することは極めて少ないというのが従来の常識だったのではないだろうか。なぜなら，大手小売企業にPBを供給すれば，それだけNB市場は狭くなるので，NBのトップメーカーは自らの首を絞めるような選択はしないはずである。むしろNB市場を拡大するように製品開発などに力をいれるはずである。

　ところが，日本では業界シェアNO.1の消費財メーカーであるにもかかわらずPBを供給している食品メーカーが数多く存在する。彼らの意思決定は単に誤っているのか，それとも何か正当な理由があるのか，あるいは日本独自の行動をする理由が何かあるのか，その点をこの論文では問題にする。

　そのために，最初に消費財メーカーがPBを供給することのメリットとデメリットを整理し，次に消費財メーカーがPBを生産・供給することについてのチャネル戦略の視点からの評価を行っておきたい。その上で，なぜ日本の業界シェアNO.1の消費財メーカーが，PBを供給するのかについての仮説を提示す

る。

第1節　PB供給のメリットとデメリット

1．PB供給のメリット

　　① 工場の稼働率を上げるため
　工場の稼働率が損益分岐点比率を下回っているような状態なら，PBの生産をすることによって稼働率が上がり，製品1個あたりの固定費が低下する。また，PBの販売には，営業費用がかからないために，PB生産の生産量に占める比率が一定以下なら，メーカーにとっては売上高を増やし，利益確保につながる可能性がある。工場の稼働率をあげるためにPBを供給するというのが，消費財メーカーがPBを供給する一番多い理由になっている。
　例えば，「トップバリュはディスカウント向けと同じくらい値下げ圧力が強い。ただ，ロットが大きく，冬場の裏期でも注文が一定量あるので稼働率の面でも非常に助かる」[2]という消費財メーカーの証言がある。また，「オエノンは，シソ焼酎『鍛高譚』というブランド力のある焼酎を持ちながら，PB商品の製造受託を積極的に請け負っている。トップバリュのチューハイ，セブンプレミアムの焼酎，ローソンのノンアルコールビールなど幅広くPBの受託生産をしている。オエノンのPB受注は年々増え，07年には売上高の22％がPBだったが，11年には33％の245億円まで拡大している。PB製造受託が増えることによって，売上高が押しあげられるだけではなく，工場の稼働率が上がり，原材料の購買時にスケールメリットも働く」[3]と言われており，やはりPBの供給が工場の稼働率を上げ，それが企業としての成長に貢献している例として挙げられる。

② チェーン小売業との関係改善のため

かつては「お付き合いPB」とNBメーカーの方々が呼んでいたように，チェーン小売業のバイヤーにPB開発のノルマが課されている小売企業が多かったので，バイヤーのノルマ達成に協力してPBを提案し，製造するという形があった。現在では，PB開発の専門部署を小売業が設けるようになってきているので，従来の「お付き合いPB」とは異なるが，チェーン小売業との関係を良好に維持していきたいという考えがメーカーにあって，PBを生産しているNBメーカーもある。例えば，あるビールメーカーの幹部は「ビール会社とすれば，流通の2強との関係は強い。ビール会社のPBには2強との関係を強化するというよりも，維持しようとする狙いがある」[4]と述べている。

③ 自社技術を活かすため

ロッテアイス製造のファミリーマートのPB「GELATO」（ジェラート）が，自社技術を活かすためという例にあたる。2012年5～8月の高級アイス販売ランキングで，1～3位をジェラートが独占した。ハーゲンダッツを押しのけ，1～3位を独占したのである。ロッテアイスは，低価格品が主力である。採算が合うためには高級アイス1品目で150万個の製造・販売が必要とされていて，ロッテアイスは技術は確立したものの販売できる自信がなかった。そこにファミリーマートから「定番でマンネリ化したアイス売場に新機軸が欲しい」という相談があった。ロッテアイスは，それに対してジェラートを提案した。発売にあたって，ファミマはテレビCM，交通広告，ネット広告で強烈に訴求した。その結果，投入した約50万個の「シチリアンブラッドオレンジ」が2週間で完売した。発売後1週間で5品目の出荷量は計画の5倍の100万個超だった。年間400万個の出荷目標を早くも突破し，年間で1,000万個出荷することが見込まれていた[5]。

この事例のように「技術力のあるメーカーでも，単独で新領域を立ち上げるにはリスクが大きい。だがPBを通じてなら挑戦できるというメーカーも増えている」[6]と言われている。このように，消費財メーカーが技術を有していても，採算が合うだけの販売力があるかどうか疑問な時に，チェーン小売業のPBを

生産することによって，その技術を活かせることを示している．

④ インストアシェアを逆転するため

シェア2位のメーカーが，インストアシェアを1位にする方法としてPBを受託生産するという場合もある。周知のように，マヨネーズ市場の7割はキユーピーが占めている。セブンイレブンでの事例だが，2007年にセブンイレブンへのマヨネーズの出荷量はキユーピーが，114万本，味の素が1万本だった。ところが，2008年に味の素がセブンプレミアムのマヨネーズを製造するようになったため，2011年度は，キユーピー144万本に対して，味の素は153万本の出荷量であった。インストアシェアが逆転したのである[7]。

日本の消費財メーカーは，このように，自社NBと自社生産のPBを合わせて，インストアシェアを考える場合がある。他社に生産されたPBが棚に並ぶのなら，自社で生産したいという考えのNBメーカーがあるのである。しかし，この考え方は正しいのだろうか。PBはあくまでPBであって，自社のNBの陳列スペースを奪う競合品だと考えるべきではないのだろうか。このような考え方をする日本の消費財メーカーは少なくないのだが，大いに疑問である。

⑤ NBの陳列スペースを拡大するため

NBの陳列スペースを拡大することを条件に，PB生産をするメーカーもある。このパターンならシェア1位のメーカーが，PBを受託生産するのは正当化できる。例えば，ツナ缶を除く水産缶詰で6割のシェアをもつマルハニチロに対して，東日本大震災の後，安定供給した同社の底力を評価した小売業から，「納入価格の引き上げ」と「NBの棚確保」を提案してきたため，PBの生産を始めることになった。今では缶詰売上高の1割がPBである[8]。もちろん，このような事例は極めて稀なものである。

⑥ 製品開発力を磨くため

100年を超える歴史をもつ不二家が，PBを手がけたのは2011年からである。コンビニスイーツに乗り出したのである。そして，2013年には，不二家が生

産し，提供するコンビニやスーパーのPBや限定品は200種類を超えた。生産している洋菓子のうち2割は外販用になった。不二家は，外販（コンビニやスーパーへの供給）によって，収益を改善してきている。2012年12月期に洋菓子事業の赤字を3億円まで圧縮し，黒字化も視野に入ってきた。このPBの受託生産のメリットについて，担当部長は「コンビニ商品を手掛ける事で，開発力が磨かれる」といっている。コンビニに新商品を提案し，バイヤーから感想・意見を言われて，さらに修正して，提案する。この繰り返しが開発力につながっているという[9]。もちろん，このようなメリットを感じるのも外販用が2割だということに注目しないといけない。8割は自社の店舗で販売できているからメリットを感じていると考えることができる。外販比率がさらに増えたら，逆に巨大なバイイング・パワーに苦しむことになる可能性が高い。

　不二家の例のようにPB供給が製品開発力を磨くこともあるし，また，PB供給がNBの新製品に結びつくこともある。「PBで新製品の導入を試し，販売実績を見て，NB商品化を決定する方式は新製品開発のリスクを削減する効果が大きい」[10]と言われている。

⑦　消費者の声

　PBを供給することによって，その新商品（PB）に対する消費者の反応・声がすぐにわかるという価値が大きいという評価もある。「消費者の声がダイレクトに届くことです。普段から我々も必死になってマーケティングをやっているし，お客様の声を集めています。でも，やはり流通の最前線のところの情報のほうが，価値が高い。PBを請け負うことで，そうした情報を入手することができる。しかも商品の評価のレスポンスが無茶苦茶早い。発売してから1週間もすれば，売れるか売れないかがわかるし，売れた場合，何が受けたのかも見えてくる。その情報を受け取ることで，我々の次の商品開発にフィードバックできる。」[11]このような価値があるためPB供給をしているという理由もあるのである。

　従来，消費財メーカーがPBを供給する理由としては，「①工場の稼働率を上

げるため」か「②チェーン小売業との関係改善のため」であったことが多い。しかし，主にコンビニエンス・ストアのPB供給において，共同開発することが多く，それが新たなPB供給の理由を増やしているように思う。特に「⑥製品開発力を磨くため」という理由は，今後，消費財メーカー（特に食品メーカー）としては，①，②に次ぐ，PB供給の理由になるように考えられる。見方によっては，「③自社技術を活かすため」という理由や「⑦消費者の声」も「⑥製品開発力を磨くため」という理由に含まれるかもしれない。

2. PB供給のデメリット

① PBは利益率が低い

工場の操業度を上げることを第一に考えて，変動費をカバーできる販売価格であれば，受託生産することが多かったために，一般的にPBは消費財メーカーにすれば利益率が低い場合が多い。

また，同時に「流通側のメーカーに対する品質追求は厳しい。それだけでなく，徹底的にコスト削減を求め，どこにどれだけのコストがかかっているのか，どれだけの利益が出ているのか，すべて開示を求めるという[12]」と記述されたり，「メーカーの立場に立つと，小売側が売価を決めるうえに，原価格を含めて原価構成はすべて把握されているので，うま味が乏しい[13]」と記述されているように，小売企業からの低コスト・低価格の要求も厳しいものがある。そのため，PBは消費財メーカーにとって利益率が低いことが多い。

② 技術力の低下

PBの受託生産が中心になると技術開発に投資することが難しくなり，技術力が低下する。NSファーファ・ジャパンは，PBの受託生産に頼りすぎたために業績を悪化させた企業の1つである。

NSファーファ・ジャパンの創業は1937年で，創業以来ほぼ70年間OEM（相手先ブランドによる生産）やPBの受託生産が売り上げの7～8割を占めてい

た。1970年～1980年代にはダイエーの「セービング」など有名PBの日用品を数多く手がけ，18期連続の増収増益も遂げた。しかし，大手小売業が低価格を追求するために，PBの生産委託を工賃の安い海外に順次移管したことから売り上げが激減した。このままでは先がないと強い危機感を抱いたのが当時の社長であり，現会長である齋藤洋氏である。再起をかけ，なんとか強い自社ブランドを持てないかということで模索していた時に，世界有数の家庭用品メーカーのユニリーバが日本で展開していた柔軟剤ブランド「ファーファ」を撤退させる方針であると知ったのである。

齋藤社長(当時)は，2006年12月に「ファーファ」ブランドを買収した。買収直後は苦戦し，2009年2月期には営業赤字に陥ったが，柔軟剤1品だったところに，洗剤，芳香消臭剤，入浴剤などを投入し，業績を回復した。買収前にユニリーバが積極的な広告をしており，かわいいクマのキャラクターの認知度は高かった。そこで商品を拡充し，キャラクターをより前面に打ち出したところ，若い主婦層を中心に人気が高まった。

一方でPBの生産は縮小した。現在は，自社ブランドが売上高の7割を占めている。現社長の猪熊氏は「PBに頼りきりのメーカーになったら，開発や営業のいい人材は流出し，細々と生きていくしかなくなる」と指摘する[14]。

③ NBの陳列スペースの縮小

PBとNBを生産している場合には，PBはNBの競合品になるのであるから，自社が競合品を生産していることになり，NBの陳列スペースを少なくする可能性がある。

これは自明のことであるが，これに関連して「コンビニの冷蔵ショーケースの容積は変わらない。限られたスペースに，ビール各社のPBが陳列されることで，メインで売りたいNBの陳列スペースは縮小されてしまう。つまり，NBとPBが競合してしまうのだ」[15]とか「コンビニでは共同開発商品のビール類がPBとして次々と投入されると，NBは追いやられてしまう。同じチェーンでも，あるNBが置いてある店とない店に分かれる。NBのブランド力は毀損されるケースも起きよう」[16]などという意見が述べられている。

④　社外秘情報の漏洩の可能性

　PBの受託生産をすることによって、原料の構成比率や配合比率などの社外秘に相当する情報まで求められることもあり消費財メーカーは問題にしている状況がある。したがって、このような可能性があることを理解しておく必要がある。この点については、第8章で詳しく述べている。

　このようにPBの供給には、デメリットもあることを十分に理解した上で、供給するかどうかの意思決定をする必要がある。

第2節　NBメーカーがPBを供給することについてのチャネル戦略の視点からの評価

　第10章で、デービスの消費財メーカーのPB供給に関する3つの選択肢についての意見を既に紹介している。ここでは日本のメーカーの考え方をみていく。

1．NBとPBの両方を供給する日本の消費財メーカーの考え方

　既述のデービスの考え方からすれば危険性の高い、NBとPBの両方を供給している消費財メーカーが日本には数多く存在する。彼らはどのような考え方をしているのだろうか、矢作らの調査結果から整理してみよう。

　矢作らの調査結果を読むと、NBとPBの両方を供給している消費財メーカーが、PBを供給する理由は、既述したPB供給のメリットと重複部分が多いが、あえて彼らの調査結果を整理すると以下の通りである。

①　是々非々で対応

　「『PBへの取り組みは販路維持・拡大の一環であり、是々非々で対応する』という慎重派が約85％と圧倒的多数を占めている」[17)]と記述されているように、是々非々での対応を考えている消費財メーカーが多い。例えば、「サントリー酒類の相場社長は、PB商品供給の考え方として、①メーカー名を表示し、商

品づくりと深く関われる、②取引に継続性がある、③NBだけではカバーしきれない需要をすくい取れることをあげ、供給量やその他の取引条件を満たせば『是々非々で対応する』と述べている」[18]ようにメーカーによって、PB供給の条件を考えているようである。

② 生産設備の稼働率維持のため

やはり工場の稼働率維持のためという理由がしばしば記述の中に出てくる。例えば、「品質を重視するPBが増え、収益的にも以前より改善されており、生産設備の稼働率維持を考えると、断る理由がなくなったというのが最大公約数的反応だった」[19]と述べている。

ただ、矢作らの著書にしばしば出てくる「シェア維持のため」のPB供給とか「圧倒的シェアをとるため」のPB供給という表現[20]には抵抗を感じる。この場合のシェアとは、おそらく企業別シェアのことで、ブランド別のシェアのことではない。このような表現、あるいは考え方を日本の消費財メーカーがしばしばするのは理解しているが、NBかPBかという議論をしているときに企業別シェアを問題にするのは適当なのかという疑問が残る。

③ 取引関係強化のため

これも従来から言われてきていることであるが、「PB商品はその取引関係強化の一手段として位置づけられており、仮にPBそれ自体の利益率が厳しくても、アカウント・マネジメントでは売場を埋め尽くす多様な商品群が生み出す囲い込み効果は大きい」[21]とキューピーの事例のところで述べている。

④ 戦略的PB供給

コンビニエンス・ストアと共同でPB開発を行って、消費者の反応を見て、その結果によっては、NBとして新発売する方法や、NBの取引だけでは大手コンビニエンス・ストアとの取引が困難だったメーカーがPBの共同開発で、大手コンビニエンス・ストアと取引を行なって、NBの取引のチャンスを窺うという方法などは戦略的なPB供給と考えられる。

このように矢作らの調査によって，NBとPBの両方を供給している日本の消費財メーカーのPB供給の理由を整理することができた。ただし，取引関係の強化を狙いにしているのであれば小売企業の専用商品（消費財メーカーのNB）の提案で十分にできると考えられるので，そのためのPB供給というのは再考の余地が大きいと思う。また，是々非々でというのは慎重のように思えなくも無いが，PB供給への企業としての方針が明確ではないだけなのではないかという疑問も出てくる。

2．販売依存度とバイイング・パワー

　メーカーが，総売上高のうち何パーセント以上を特定の小売企業へ販売すると，その小売企業がバイイング・パワーを持つのかという問題がある。一般的に，販売依存度が高まるにつれて取引相手にパワーを与えると解釈されてきている。

　それでは具体的には，何パーセント以上の依存度なら取引相手のパワーが取引に影響を与えるほどに強くなるのだろうか。

　デービスは，「製造業者と小売業者のうち，一方のビジネス主体がもう一方の主体に対し，その全取引額の約10％以上を占めた場合はパワー関係に変化が生じると考えられる」[22]と述べている。また，市川は，「全社の売上高の15％以上を，特定の1社に依存すると，独立性を失う」[23]と述べている。そして，次のような事例を紹介している。「あるメーカーが大手コンビニエンス・ストアのPB商品の受託に成功して，1年間で売上高が20％以上伸びました。当然，メーカーは売上高が向上して喜んだのですが，その大手コンビニエンス・ストアの売上高依存度は30％程度にもなりました。その結果，その大手コンビニエンス・ストアとの商談では相当の『プレッシャー（シビアな価格交渉）』を受けることで，なかなか利益が確保できない体質になってしまいました」[24]。

　一人は10％と述べ，もう一人は15％と述べている。ただ，二人ともにその数値に根拠があるわけではない。この小売企業がわが社との取引を停止したら

わが社が赤字になるという状況で商談をしたら，是が非でも商談をまとめないといけないであろうし，多少の赤字でも取引をまとめることになると考えられる。つまり，その取引次第では会社が赤字になる可能性があるのであれば，その企業との取引の重要性は増し，赤字になるかどうかがその企業の判断しだいとなれば，当然，取引先のパワーは強くなる。逆に，その小売企業との取引が停止されても会社の業績にたいした影響がないのであれば，交渉する担当者も強気で臨むことができる。

つまり，メーカーにとって，損益分岐点比率が重要なのである。もしも，損益分岐点比率が86％であるのなら，一小売企業との取引が総売上高の14％（100－損益分岐点比率）以上になった時，その小売企業との取引は是が非でも継続しないといけないことになる。その小売企業との取引しだいでは赤字になる可能性があるのであるから，メーカーの交渉力は低下する。つまり，特定の小売企業への販売依存度が「100－損益分岐点比率」以上にならないようにするというのは消費財メーカーのチャネル戦略にとって大原則である。

第3節　日本のシェアNO.1のメーカーはなぜPBを供給するのか

それぞれの業界でシェアNO.1の消費財メーカーは，PBを供給しないのが普通である。PBはNB市場を縮小するように作用するので，NO.1の消費財メーカーがPBを供給したら，それはNB市場を縮小するように作用し，NBの販売額を減少させるように作用する可能性がある。その上，シェアNO.1の消費財メーカーがPBを供給するとPBの品質が向上する可能性が高く，ますますPBが成長しやすくなる可能性が高い。

ところが，例えば図表11-1のように，日本では業界NO.1のメーカーもPBを供給している例が数多く見られる。また，『PB食品市場の最新動向と将来展望　2013』を見るとさらに詳しくどの消費財メーカーがどの小売業のPBを供給しているかが記載されている。それによると，キユーピー（マヨネーズ），

カゴメ（ケチャップ・ソース類），ブルドッグソース（ケチャップ・ソース類），ハウス食品（スパイス類），森永製菓（パン粉・プレミックスパウダー），ミツカン（みりん），味の素（インスタントスープ），永谷園（即席味噌汁），サトウ食品工業（無菌包装米飯），マルハニチロ（缶詰），森永製菓（チョコレート），江崎グリコ（チョコレート・チョコレート菓子），カルビー（スナック菓子），なとり（おつまみ・珍味）アサヒ飲料（炭酸飲料）カルピス（果樹飲料），伊藤園（野菜飲料），サントリー（お茶類）。伊藤園（紅茶・お茶類），紀文食品（練製品），日本水産（練製品），紀文食品（パウチ惣菜），日本ハム（パウチ惣菜），丸大食品（パウチ惣菜），フジッコ（煮豆・佃煮），山崎製パン（パン），雪印メグミルク（牛乳），明治（牛乳），明治（ヨーグルト），日本ハム（ハム・ベーコン），伊藤ハム（ハム・ベーコン）マルハニチロ（冷凍めん・冷凍米飯），味

図表11-1　トップシェアのメーカーがPBを製造している例

商品	メーカー	小売業
即席麺	日清食品	セブン・プレミアム ローソンセレクト スタイルワン（ユニー・イズミヤ）
パン	山崎製パン	セブン・プレミアム ローソンセレクト スタイルワン（ユニー・イズミヤ） マイルライフ（ライフコーポレーション）
加工肉	日本ハム	セブン・プレミアム
冷凍食品	ニチレイ	ローソンセレクト 食卓応援セレクト（いなげや）
茶飲料	伊藤園	セブン・ゴールド ローソンセレクト
アイスクリーム	ロッテアイス	セブン・プレミアム ローソンセレクト
スナック菓子	カルビー	セブン・プレミアム スタイルワン（ユニー・イズミヤ）

（出典）『日経MJ』2010年9月28日号。なお，上記以外の有力メーカーのPB供給としては，キリンビールが供給している「セブンゴールド　まろやかエール」（セブン＆アイHDのPB）がある。

の素冷凍食品（冷凍めん・冷凍米飯），森永乳業（アイスクリーム），ロッテアイス（アイスクリーム），江崎グリコ（アイスクリーム），明治（アイスクリーム），このように数多くの有力食品メーカーがPBを供給している[25]。

日本の業界NO.1消費財メーカーは，どうしてこのようにPBを供給するのだろうか。この章では，この現象を解釈する仮説として次の2つをあげる。

1．仮説1：日本の消費財メーカーは，ブランド認識が低い

ネスレ日本社長の高岡浩三氏は，「日本企業にはいまだにマーケティングがないというのが私の実感です」[26]とインタビューで述べている。その意味は，「①ブランドへの考え方が全く異なる。ブランド・マネジメント制をとっている企業は実に少ない。②日本企業はトップを見てもほとんどが営業か技術畑の方である。ネスレの世界各地の現地法人のトップの95％はマーケティングの出身である」ということです。

例えば，森永製菓のあるアイスクリームは，常にアイスクリームの売り上げベスト3に入っている。それはなんというブランドだろうか？。森永のアイスというのが消費者の認知ではないだろうか？。そこをネスレの社長は指摘している。「チョコモナカジャンボ」というブランドを消費者がみんな知っていないといけないのではないかと指摘しているのである。ネスレは知らなくても「キットカット」は知っているのではないだろうか。ブランドを育てるというよりは，次々と新製品を出すことに力をいれているのが日本の消費財メーカーではないのだろうか。そんな疑問をネスレ日本の社長は指摘している。

数年前，イオンはネスレの「キットカット」に似たPBを発売し，大量に陳列した。しかも，その横に本物のキットカットをわずかな量だけ並べた。この時，ネスレは，イオンに対して販促費を一切ストップしたのである。ネスレにとって，イオンは，約10％の販売依存度のある取引先だが，ネスレはイオンに対して販促費を一切出さないようにした。もちろん，ネスレの売上高は減少した。

ネスレは，「キットカットは中身をPBと入れ替えたとしても必ず売れる」「本

物のブランドは，味と品質に優れるだけでなく，消費者の感情に入り込んでいる」と主張している[27]。

　グローバルなメガブランドの育成・成長のためには，日本という国での大手小売業の嫌がらせやバイイング・パワーに屈する必要はない。そのブランドを守るという姿勢を貫くことによって，小売業もまた，そのメーカーを認めるのである。もちろん，ネスレはPBの受託生産などしない。その後，イオンはネスレのブランドへの姿勢を評価し，関係を修復している。

　ネスレの一貫したブランド育成の姿勢。そして，消費者を見方にして巨大な小売企業と交渉していこうという方針は揺るがない。

　たとえば，ネスレは，現在，フェイスブックやツイッターなどに書き込まれた自社製品に関する口コミをコンピューターで自動収集している。1日最大で1万件。ネスレには，書き込んだ人に対して，ネスレ日本から返事のメッセージを送ることを仕事とする部署がある。コンシューマーリレーションズ部である。この部は「消費者をナンパするのが我々の役割」と言っている。といっても誤解されると困るので，できるだけ丁寧な言葉遣いで行なっている。そのために，担当者には計70時間の講習を義務付けている他に，返信件数を1日20件にとどめて，内容が雑にならないように配慮している。そして，次のような予定がある。「全国10都市でパーティを開催予定で，計1万人を招く。」「年内に消費者を交えて開発した新商品を投入予定」。このように，消費者にいっそうメーカーが近づいてもらって，消費者をネスレのファンにしていこうと考えている[28]。そして，そのファンを背後にもって，スーパーと交渉しようという考え方である。

　日本の業界NO.1のメーカーには，ネスレのようなブランドに対するこだわりやブランド育成の考え方が欠如しているのではないだろうか。下位メーカーが，NBの競合となる可能性のあるPBを供給する理由は理解できるが，シェアNO.1のメーカーがPBを供給するとなると意味は異なってこよう。ネスレジャパンの高岡社長が述べているように日本のメーカーにはブランド育成の覚悟がないので，シェアNO.1のメーカーさえPBを供給しているのかもしれない。

2. 仮説2：日本の消費財メーカーは，PB対応では短期志向

　日本的経営の特徴として，長期志向であることが指摘されてきている。例えば，日本的経営の基本理念として，「人間中心の経営」と「長期的視野に立った経営」を指摘している。そこでの「長期的視野に立った経営」とは「長期的視野に立った事業計画，設備投資，人材育成など長期志向の経営姿勢は長期継続雇用の上に成り立つもの」[29]と説明されている。このように日本企業の経営の特徴として，長期志向を指摘する人は多い。

　しかし，日本の消費財メーカーの大手チェーン小売企業対応は長期志向になっているのだろうか。例えば，長期志向ならば，大手チェーン小売企業との良好な関係維持が最も重要であるから，個々の商談でも商品販売第一ではなく，良好な関係第一にしないといけないはずであるが，担当者は販売第一の場合が多い。これは消費財メーカーが大手小売企業との取引・関係をどのようにしていこうとしているのか，その方針が明確ではないからである。

　それがPB対応に明確に表れている。大手チェーン小売企業のPBが成長すれば，当該カテゴリーのNB市場は縮小するのであるから，PBを供給することは長期的にはNB市場の縮小につながる。PBを供給しなければ，店頭から自社商品が排除される可能性の高い下位メーカーがPBを供給して生き残りをかけるのは自然な流れであろう。しかし，業界NO.1のメーカーがPB供給することは，短期的には売上・収益に貢献する可能性はあろうが，長期的には自社のNBの売上高低下につながる恐れがあるのであるから，PB供給は長期志向とはいえない。

　短期的には売上・収益に貢献するため，シェアNO.1のメーカーがPBを供給する理由を，「デュアル・ブランド戦略を円滑に進めるためには，強力な製品開発力とブランド構築力が前提となるということである」[30]という発見を上手に説明している。シェアNO.1のメーカーは，それだけ強力な製品開発力がある場合が多く，ブランド力も競合メーカーよりはあるかもしれないので，下位メーカーよりもよりPBを作りやすいという考え方も成り立つのである。つまり，製品開発力とブランド力があるからこそPBを供給しても，NBとは実

質的に競合しないので（差異化できるので），棚を少しでも多く確保し，工場の稼働率をあげるために条件しだいでPBを供給するのであるという解釈が成り立ちそうなのである。しかし，この考え方はPBを供給すべきかどうかと言う判断とは別次元のものであることに注意する必要がある。既述の考え方は，なぜシェアNO.1の食品メーカーがPB供給をしているのかという現実を説明するのに有力な仮説だと思うが，同時にそのような考え方こそが短期志向なのではないかと考える。

　また，「NB，PB，専用商品，業務用という四つの異なる取引次元で構成される取引関係のマネジメントがメーカーの新たな戦略課題となり，すでに特定小売業態との商品開発プロジェクトや専用工場への投資が活発化していた」[31]という記述は，短期志向ではなく長期的にお互いをロックインする関係になり，お互いにメリットがあると主張していると考えられる。たしかに，国内市場だけをみると食品の分野では，大手コンビニエンス・ストアチェーンは明らかに重要な取引先となる。その重要な取引先（キーアカウント）と長期的に良好な関係を築くことができるのであれば，シェアNO.1のメーカーが一定の投資をしたり，一定以下の販売依存度を保てる範囲内でPBを受託製造するという意思決定は選択肢となりうる。ただ，これはあくまでもコンビニエンス・ストアが重要なチャネルとなっている食品メーカーの話であり，大手コンビニエンス・ストアの協同組合に参加しているメーカーに限られるのではないだろうか。つまり，一般論として論ずる事には無理があるのではないだろうか。

　大手小売企業との関係を良好なものに維持するためにPB供給をしているのだという主張であれば，それはPB供給ではなく，それぞれの小売企業用の専用商品を開発していくべきである。専用商品は，特定の小売企業だけで販売する商品であるが，メーカーが企画生産するもので，メーカーがブランドも設定している。PBとはまったく意味が異なるものである。また，NBの棚スペースを増やすという条件付でPBを供給する場合には，そのカテゴリーの下位メーカーを振り落とす効果があるので，必ずしも短期志向とはいえない場合もあるかもしれない。

　このように日本の消費財メーカー，中でも業界シェアNO.1のメーカーでさ

え，PB対応については短期志向なのではないかと思わせる。

第4節　おわりに

　この章では，消費財メーカーがPBを供給するメリットを7つ，デメリットを4つ，それぞれ現実の企業の行動から導き出している。また，NBとPBの両方を供給している日本の消費財メーカーの考え方が4種類あることを明らかにしている。

　その上で，業界シェアNO.1の消費財メーカーが，PBを供給しているのは，「ブランド認識が低い」からではないかという仮説と，「PB対応については経営陣が短期志向」なのではないかという仮説を提唱している。

　なぜこのような点を問題にしているかと言えば，メーカーはいつ製品開発につながるかわからないような各種の基礎研究をしているが，小売業はいかに巨大になっても基礎研究をしていないということである。長期的にメーカーが健全な収益を上げることができないと，日本の基礎研究・技術力は向上しないし，グローバルな競争にも打ち勝てない可能性が高くなるということである。そのためにも消費財メーカーにとって，PB対応は重要な意思決定であるから，特に業界シェアNO.1のメーカーは，この点について再考・熟慮する必要がある。

注記

1) （株）富士経済（2012）『PB食品市場の最新動向と将来展望　2013』2012年12月，3ページ。
2) 週刊東洋経済編集部（2012）「PB商品の裏側」『週刊　東洋経済』2012年12月22日号，40ページ。
3) 同上書，52ページ。
4) 月刊BOSS編集部（2014）「一冊まるごとプライベートブランド」『月刊BOSS』2014年3月号，臨時増刊号，85ページ。
5) ロッテアイスの事例は，「PB奔流」『日経MJ』2012年9月28日号に依拠している。
6) 週刊東洋経済編集部（2012），前掲書，41ページ。

7) 味の素のマヨネーズの事例は，前掲新聞記事（「PB奔流」）に依拠している。
8) マルハニチロの缶詰の事例は，前掲新聞記事（「PB奔流」）に依拠している。
9) 不二家の事例は，『日経MJ』2014年2月5日号に依拠している。
10) 矢作敏行編著（2014）『デュアル・ブランド戦略』有斐閣，203ページ。
11) 月刊BOSS編集部（2014）前掲書，79ページ。
12) 同上書，80ページ。
13) 矢作敏行編著（2014）前掲書，238ページ。
14) NSファーファ・ジャパンの事例は，週刊東洋経済編集部（2012）前掲書，65ページに依拠している。
15) 月刊BOSS編集部（2014）前掲書，86ページ。
16) 同上書，86ページ。
17) 矢作敏行編著（2014）前掲書，217ページ。
18) 同上書，151ページ。
19) 同上書，18ページ。
20) 例えば，この表現は，矢作敏行編著（2014）157ページや193ページに出てきている。
21) 矢作敏行編著（2014）前掲書，213ページ。
22) ゲイリー・デービス著，住谷宏・伊藤一・佐藤剛訳（1996）『トレード・マーケティング戦略』同文舘出版，285ページ。
23) 市川晃久（2008）『店長・バイヤーは，あなたが動かす。』日本経済新聞社，115ページ。
24) 同上書，116ページ。
25) （株）富士経済（2012）前掲書，28-39ページ。
26) 高岡社長の発言及び森永製菓のアイスクリームの事例については，「商品ブランドを磨き続ける」『日経MJ』2013年2月18日号に依拠している。
27) キットカットとイオンの取引については，「ブランド死守したネスレ」『日経MJ』2013年1月28日号に依拠している。
28) ネスレの「ナンパ大作戦」については，『日経MJ』2014年2月21日号に依拠している。
29) 福田義孝（1999）「日本的経営の行方―日経連『報告』と『調査』を手がかりとして―」，大阪市大『季刊経済研究』Vol.22, No.3, 75ページ。
30) 矢作敏行編著（2014）前掲書，205ページ。
31) 同上書，110ページ。

第12章
消費財メーカーのバイイング・パワー対応戦略

　チェーン小売企業が成長しているので，自然に任せていれば，消費財メーカーの売上高のうち，年々チェーン小売業を経て販売される売上高が多くなっていく。それが利益額の増加に結び付くかどうかはわからない。なぜなら，小売企業のバイイング・パワーに直面するからである。バイイング・パワーを規制する法律が強化されているものの，事前に，メーカーと小売企業が交渉していて，両社が納得していれば，法律に抵触するわけではない。そのため，バイイング・パワーの発現形態はより多様化していくことが考えられる。

　また，このバイイング・パワー対応は，広域営業本部のようなチェーン小売業対応部署に任せるのではなく，全社的対応が必要になる。なぜなら，PB商品の開発要請や特定のチェーン小売企業の専用商品の開発要請にどのように応えるかという問題は，チェーン小売業対応部署（広域営業本部，チェーンストア部，量販店部，広域販売部等の名称が多い）が意思決定できる問題ではなく，企業としての判断になるからである。同様に，チェーン小売業の納品価格の著しい低下要請は，一定幅内での値引きに対するチェーン小売業対応部署の予算（販促費あるいは拡売費）で対応するという枠を超えたものなってきているため，チェーン小売業対応部署だけでは意思決定できないことが生じている。さらに，小売企業からの情報・物流システムの改善提案や商品生産に関する社外秘情報の開示要求などにチェーン小売業対応部署だけでは対応できない。

　そのため，チェーン小売業対応部署の責任者に役員が就任する必要があるし，全社的対応にならざるを得ない。

第1節　企業レベルの対応戦略

1. 損益分岐点比率の引き下げ

　「特定のチェーン小売企業への販売依存度」が「100－損益分岐点比率」よりも大きい状態を「首輪をはめられたメーカー」と呼ぶことがある。そうならないためには，特定のチェーン小売企業への販売依存度を一定以下にすることと，損益分岐点比率を下げる工夫・努力をすることが必要になる。そのため，高集中度販路では，損益分岐点比率の平均が低いほどチャネル戦略に余裕がでる。

　例えば，2008年度の上場製造業の損益分岐点比率の平均は89.2％だった。07年度は，76.1％だったので，13.1％高まったことになる。売上高の急減（前年比10.7％減）に固定費などの費用削減が追いつかなかったことを示している。主な業種の損益分岐点比率は以下の通りである[1]。

- ▶自　動　車　96.21（＋23.09）
- ▶繊　　　維　94.18（＋15.22）
- ▶電 気 機 器　91.56（＋12.89）
- ▶化　　　学　88.13（＋13.76）
- ▶食　　　品　85.91（－0.79）
- ▶医 薬 品　69.98（＋2.11）

　固定費が大きいほど規模の経済性が発揮されるので，売上高の増加が望まれる。2008年度は，売上高が低下したために，自動車，繊維，化学，電気機器などの業界の損益分岐点比率が非常に高くなっている。それに比べて，売上高が安定している食品業界は若干であるが，損益分岐点比率が低下している。食品業界を例にとれば，85％以下に損益分岐点比率を引き下げる努力をすべきであり，また，特定のチェーン小売業への販売依存度は15％以下にしておく必要がある。

　図表12-1をみると，ウォルマートへの販売依存度が，損益分岐点比率より

図表12-1　ウォルマートへの販売依存度

企業名	販売依存度	企業名	販売依存度
Rayovac	26%	N. Rubbermaid	15%
Dial	24%	Gillette	12%
Clorox	23%	Kimberly-Clark	10%
Revlon	20%	H. J. Heinz	10%
P&G	16%	Kraft Foods	10%

（出典）　流通経済研究所『アメリカ流通概要資料集』07年版より。

も高い可能性がある企業があるように思われる。また，販売依存度が10％をこえるとパワー関係が生ずると言われることもある[2]。

2. 素材産業などの消費財以外の分野への進出

　消費財だけの生産・販売であれば，チェーン小売業へ販売を依存していく可能性が高い。そのため，例えば，販売先を世界中の他のメーカーにする商品を開発して，販売するという道もある。これを可能にするためには，他のメーカー以上に技術力があることが必要である。

　例えば，味の素（株）は，2004年時点では，「リジン」で世界の約35％のシェアをもっており，「スレオニン」で世界の約70％，「アスパルテーム」で世界の約40％のシェアを持っていた。そして，営業利益の半分程度は素材産業で得ていた[3]。また，味の素は，2011年の春にも，パソコンなどに使う半導体基板用絶縁フィルムを4割増強すると報道された。この電子材料の世界シェアは9割を超えている。同事業の売上高は百数十億円と小さいが，利益率が高く，同社の連結利益（11年度693億円）の1割強（約70億円か）を稼いでいる[4]。このような素材産業での売上高と利益を得ていれば，国内の消費財市場でのチャネル戦略の余裕度は極めて高くなる。

3. 大手チェーン小売業対応の基本方針

　トレード・マーケティング戦略のように大手チェーン小売企業との「長期的良好な関係」を作り，維持していくことを企業として，重要な営業方針として掲げるのかどうかである。これは単年度の方針ではなく，長期的方針となる。

　これは，広域営業本部に目標を与え，予算を与え，その予算内で，目標とする売上高と利益額を達成するように命じるのとでは大きく異なる。

　もしも，長期的良好な関係作りを優先するのであれば，営業マン教育も変えないといけない。担当営業マンは，単なる売り上げ確保の提案ではなく，大手チェーン小売企業にとっても有益な提案であることを確認し，そのことを説明することが重要となる。営業の仕方も変わるのである。

　時には，長期的良好な関係作りを優先するために，与えられた目標としての売上高や利益額を達成できない場合もあるかもしれない。それでも長期的良好な関係作りが優先されるという企業としての信念も必要とされる。

4. チェーン小売業を経ないチャネルの開拓・育成

　消費者への販売において，チェーン小売業への販売依存度をできるだけ引き下げることを考えて，チェーン小売業を経ないチャネルの開拓・育成をすることが望ましい。その方法は，次のように多様である。また，近年，このチェーン小売業を経ないチャネルの開拓・育成に熱心なメーカーが増加してきている。

（1）　自　販　機
　清涼飲料水，タバコ，ビール，日本酒などの自販機が目につくが，江崎グリコ（株）は「seventeen ice」というアイスクリームの自販機で成功している。「seventeen ice」の自販機は，1985年から，若者が集まるボーリング場とかゲームセンター，水泳教室などに設置されてきた。その後，アイスクリームを多くの世代が好むようになってきて顧客層が拡大したので，設置場所もパチンコ店や駅構内などと広げてきた。2013年からの5年間で約5,000台増加し，約2万

カ所に設置されるようになった。そして，製品の多様化を進めると同時に自販機を進化させ，「サイバーベンダー」（大型のディスプレーと小型のカメラが付いているもので，客がアイスを購入すると人気アイドル「AAA」などのメンバーと一緒にダンスを踊っているような映像を表示できるほか，メンバーと合成写真が撮れたりする）の導入やQRコードを読み取ると5カ国語で商品の成分を読める自販機も開発している。売上高も100億円を突破している[5]。

自販機で販売する商品は，基本的に特売がないので，利益確保しやすいという特徴がある。

（2） 訪問販売

現在，訪問販売は一般に伸び悩んでいるが，このルートの開発・育成も商品によっては1つの方法である。特に，職域販売の可能性はまだまだ高いと考えられる。例えば，1997年からスタートした江崎グリコの「オフィスグリコ」。オフィスに3段のプラスチックボックスに入ったグリコの菓子を置いて，担当者が1週間に1～2度補充するというものである。事業開始から14年で，設置台数は11万台を超え，年商も40億円を超えた[6]。大震災の時には，非常食としての役割も果たしたため，設置依頼が増えている。30～40代の男性を開拓するという役割も果たしているオフィスグリコだが，この置き菓子には特売はないし，大手小売企業のバイイング・パワーもない。このオフィスグリコは，将来，江崎グリコの重要な販路の1つになる可能性がある。2011年8月現在，東京，神奈川，名古屋，大阪，京都，兵庫，福岡の一部エリアで展開中である。

2016年6月1日から「グリコチャネルクリエイト」社を設立し，分社化した。「グリコチャネルクリエイト」社は，オフィスグリコと百貨店での直営事業を担っている。2019年3月期までにオフィスグリコを現在の2割増しの63億円にする計画である。企業の総務部門や産業医と連携し，朝食代替食や健康食商品（「アーモンド効果」「毎日果実」など）を投入している。そして，現在より2割多い13万カ所に置き菓子を置く予定である[7]。

（3） 通信販売

　インターネット通販やテレビ通販，携帯通販は著しい伸びを示している。また，ネット通販への参入は低コストでできるので多くのメーカーが参入している。例えば，2004年9月には，花王が化粧品で通販専門ブランド「ORIENA」を作り，ネット通販とカタログ通販を展開すると表明した。また，2004年11月にはTV通販及びネット通販でペット用品を販売している。味の素は，1997年から化粧品「JIRO」の通販を始めている。2004年には黒字になり，2005年8月からは，健康補助食品「グリナ」の通販を開始している。さらに，キリンビバレッジや伊藤園などの清涼飲料各社がネット通販を2006年から開始している。このように，通販には，多様な業種から多様な企業が参入してきている。

　特に，ネット通販に力を入れているのがロッテである。ロッテのネット通販の会員数は既に100万人を超えている。また，年間の購入金額に応じてポイントを提供し，「ランク制度」も設けている。「レギュラー」「ゴールド」など5ランクに分けて，ランクごとに割引クーポンやネット限定セールの内容を変えている。また，会員数が100万人を超えたので，ネット通販専用商品も増やしている。例えば，「おおきなパイの実（専門店のアップルパイ）」。店頭でおなじみの「パイの実」より1個あたりの重さが3倍で，価格も1箱1,000円と高めだったが，3カ月で完売。さらに，ネット会員の中から試食モニターを募集したり，アンケート調査をしたり，様々にネット会員を活用している。このネット通販の2015年度の売上高は前年比2割増となる。年間2回以上購入するユーザーは20％を超えているが，会員一人当たり利用回数を平均年4回に引き上げようとしている[8]。

　ネスレの日本独自開発のコーヒーマシンを活用したチャネル開発・構築も注目を集めている。コーヒーマシンを開発し，無償で貸与して，そこをチャネルと考えて，そこにコーヒー粉を定期的に販売して収益を得るという新しい戦略を実施中である。たしかに，取引相手は大手小売業ではないし，バイイング・パワーもない。直販でコーヒー粉の値段もネスレが設定できるのでとても望ましい戦略である。2014年8月現在で，約14万台貸与している。2019年4月末で申し込みは40万件を超えている。2020年までに50万台を貸与する計画である。

いずれインスタントコーヒーの売り上げを上回ることもありえると考えられる。この戦略は，以下の3つに分類されている。

① ネスカフェアンバサダー：申し込むとネスレのコーヒーマシンが無料で貸与される。その代わりに「ラク楽お届け便」でコーヒー粉を定期購入する必要がある。オフィス中心であるが，長距離トラックの社内（富士運輸），介護予防カフェ（神戸市と連携，公民館などに貸与），病院，大学，消防署などを開発予定である。

② カフェ・イン・ショップ：スーパーなどの空きスペースに置く，現在1700ヵ所。今後は銀行，図書館なども開拓予定。

③ カフェ　ネスカフェ　サテライト：ネスレはコーヒーマシンを貸し出す飲食店（個人経営のカフェ，レストラン，洋菓子店など）を拡大中である。2020年には現在の460店から約2,000店に増やす計画。このような飲食店を「カフェ　ネスカフェ　サテライト」と呼ぶ。

サテライト店になるとコーヒーの粉の購入とネスカフェの看板を出す必要がある。マシンのリース料は無料だが，マシンのメンテナンスやマーケティング支援などをサービス料として月15,000円支払わないといけない。その代わり，ネスレは経営者と集客策を検討したり，棚の変更や壁の塗り替えなどの改装が必要と判断した場合，費用はネスレが負担する。サテライト店には，ネスレの個人会員を呼び込むためにスマホアプリの無料提供を個人会員（16万人）限定で開始している。その後，400万人いる通販会員に拡大するかどうかの検討も行う。サテライト店になるとネスレからコーヒーの粉を定期的に購入し，ネスレに毎月15,000円支払わないといけない。一種のFCのようなものである。ネスレからすればサテライト店が増えれば，初期投資が1店10万円かかっても1年で18万円のサービス料を徴収するのだから利益が出る。その上，コーヒーの粉を定期的に購入する固定客が増えるのだから，とてもメリットのあるチャネル開発である[9]。

（4）系列店の組織化

系列店といえば，家電製品や化粧品を想起するが，それ以外にも牛乳がある。

例えば，古谷乳業は，宅配を強化するため販売店（320カ所）を毎年20－25店舗拡大する予定である。チェーン小売業での販売に比べ利益率の高い宅配を強化して，経営体質を強化したいようである。2006年現在の宅配の年間売上高は約30億円。年間20〜25店舗拡大すると，売上げは1億8千万から2億3千万円増えると見込んでいる。宅配の店舗を増やし，宅配専用商品の開発（現在，牛乳，青汁，黒酢など27品目）を強化して，高齢化社会に対応しようとしている。そのため，2006年からグルコサミン入り乳酸飲料，アミノ酸入り玄米黒酢飲料を投入している[10]。

(5) 直販店の構築

メーカーが直接，小売店を設置するか，あるいは専売店などのフランチャイザーになるという方法もある。図表12-2の直営店は，メーカーの販売方法などに対する要望が反映されにくくなってきているので，自ら小売店を開設しようという動きであるといわれているが，直接，顧客のニーズを把握したいという目的での小売店の開設もあると考えられる。また，商品を自前で長期間かけて育成したいという目的もあるようである。

菓子メーカーも2018年春頃から積極的に直営店を設けるようになってきて

図表12-2　メーカーの直営店

アイリスオーヤマ	04年以降，大都市圏を中心に家具の直営店を20店以上展開。06年10月には横浜市にも出店。
サムソナイト・ジャパン	06年8月に初めての直営店を東京・銀座に開設。
ニコン	06年10月に岐阜県のアウトレットモールに初の直営店を出店。
ボーズ	現在20店舗以上出店。3年後めどに40店程度まで増やす計画。
ミズノ	06年9月に衣料品を中心に扱う直営店を出店。5年後までに10店舗展開する計画。
ワコール	現在90店舗以上。価格帯や客層に合わせて複数ブランドの直営店を展開。

（出典）『日本経済新聞』2006年10月9日号より。

いる。森永製菓は，都内に2店目の直営店「TAICHIRO MORINAGA」を新宿駅直結の商業施設に出店した。ロッテは，2018年春から京王百貨店新宿店で1年間限定の「生チョコパイ」の専門店を開店した。石屋製菓も「GINZA SIX」に直営店を設けた。カルビーや江崎グリコも直営店を積極的に設けている。

5. 営業組織を変える～販売依存度の分母を大きくすること～

　販売依存度というのは，特定小売企業への販売額をメーカーの総販売額で割り算したものである。そのため，個々の小売企業の販売依存度を一定以下にするためには，その分母である総販売額を大きくするか，分子を小さくするかのどちらかである。小売企業への販売額を小さくしたくないのなら分母を大きくすべきである。

　そのために，メーカーは売上高を拡大するように努力しているのであるが，支店・営業所体制のメーカーでは，この販売依存度の分母が支店や営業所の総販売額となることがある。そのため，ローカル・スーパーが支店にとっては極めて重要な存在になり，その企業の規模以上のバイング・パワーを発揮している。これではチェーン小売業時代の営業組織としては不適切である。

　分母を大きくするために，花王カスタマーマーケティングのように全国に散在していた販売会社をひとつに統合したメーカー，ライオンや味の素ゼネラルフーズのように，東日本営業本部，西日本営業本部にわけて，支店・営業所制度を廃止したメーカーなど，分母を大きくする工夫が生じてきている[11]。

　現実には，支店・営業所体制が根付いている日本の消費財メーカーで，支店・営業所をなくすというのは大改革であるが，支店・営業所体制成立の前提条件だった管轄内流通が崩壊しているのであるから，チェーン小売業が中心になってきている小売構造に対応して，支店・営業所の統合が必要になってきている。

6. 買収・経営統合～品揃えへの影響力を高めること～

　小売業は，消費者ニーズに対応するために品揃えをしなければいけない。特

に，あるカテゴリーで一定以上のシェアを持っている有力ブランドは必ず品揃えする必要がある。それ故に，有力ブランドを数多く所有すればするほど，小売業の品揃えへの影響力を高めることができる。小売業が，品揃えするときに有力ブランドを多く持っているメーカーに依存するとも表現できる。そのために，有力ブランドの買収，企業のM&A，経営統合などが盛んになってきている。

例えば，ペプシコはピザハットの株を売却して，「トロピカーナ」と「クェーカーオーツ」（ゲーターレードを所有している）を買収したり，P＆Gはジレットを買収したりしている。ペプシコのようにペプシコーラという清涼飲料水にトロピカーナとゲーターレードという飲料水の有力ブランドを持つことは，小売業の品揃えに対する影響力を持てるようになるので，チェーン小売業との交渉を有利にすることができる。

国内でも，2006年に日清食品と明星が資本提携した。両社のシェアを単純合計すれば即席めん市場で50％を超える。そのため，日清食品の小売業の品揃えへの影響力は非常に高まったものと考えられる。

また，マルハとニチロが07年10月に経営統合して，マルハニチロホールディングスが誕生した。仕入れ値が高騰しているのに，販売価格を値上げできないという状態であることが経営統合に向かわせたといわれている。「流通企業が再編で発言力を増している。それが統合を決めた大きな要因だった」（ニチロ田口社長の会見後の発言）という報道がされているように巨大小売企業の出現が経営統合を後押ししている。しかし，水産事業が得意なマルハと食品事業が得意なニチロが経営統合して，仕入れを共通化することによって，仕入れ面でのメリットが期待できるし，両社の商品を品揃えできれば小売業に対する提案力も強くなるかもしれない。マルハの五十嵐社長は，「少子高齢化でパイが増えないなかではシェアアップか新製品開発しかない」と発言している[12]。

食品メーカーの合併・買収・経営統合が06年に多く生じた。図表12-3の通りである。

M&Aや経営統合は，原材料の購買コストの削減，管理費用の削減，流通業への発言力の強化，流通業の品揃えへの影響力の向上という効果が見込まれるので，今後も増加する可能性が高い。

図表12-3 食品大手の合併・買収・経営統合の動き

	対象企業・事業	狙い	実施時期
サッポロビール	キッコーマンの焼酎事業	本業の弱点補完	2006年4月
アサヒビール	カネボウの清涼飲料事業（エルビー）	清涼飲料水事業の補完	2005年6月
アサヒビール	和光堂（カップ自販機用の粉末の製造販売）	清涼飲料水事業の補完	2006年5月
山崎製パン	東ハト	非中核事業強化	2006年7月
伊藤園	タリーズコーヒー	本業の弱点補完	2006年10月
日清食品	明星食品	本業の強化	2006年12月
キリンビール	メルシャン	本業の弱点補完	2006年12月
マルハ	ニチロ	本業の弱点補完	2007年10月

　また，この品揃えへの影響力という視点から，味の素はグループ7社での共同販促を毎年実施している。グループ7社というのは，味の素，味の素冷凍食品，AGF，カルピス，Jオイルミルズ，日本ケロッグ，ヤマキである。例えば，「本日開店！ホットプレートでウチ・屋台」というテーマを設けて，7社の商品を共同で販促していくものである[13]。味の素が企画を立案して，7社でそれを全国のスーパーで実施していこうとするものである。これは，チェーン小売業にこれらの7社はグループであるということを改めて意識させる効果があるかもしれない。そのような背景をもって，商談に臨めるということである。

7．共生チャネル戦略

　複数のメーカーが，協力し合って，複数のメーカーの商品のチェーン小売業での店頭露出を高めようとしたり，チェーン小売業との取引で利益を多くしようとする戦略である。そして，正に，共に生き残っていこうとする考え方である。ただし，後者の利益を多くする方法については，いまだ経験則は不明の状態である。

　現状では，異業種のメーカーが協力し合って，チェーン小売業に共同で販促

提案するという方法が多い。それも異業種だということで，クロス・マーチャンダイジング（以後，クロスMDと表記する）提案が有効のようである。そのクロスMDによって，チェーン小売業の売り上げが向上し，それぞれのメーカーの商品売上高も増加するというwin-winの関係を提案するものである。

　異業種のメーカー同士で協力して，共同クロスMDの提案が目立ったのは，2007年春ごろからであった。2007年春の事例としては，次のようなものがあった[14]。

- ▶サントリー＋永谷園：黒烏龍茶・ウーロン茶と中華惣菜の素の試食・試飲（2カ月で2000店で開催）
- ▶明治乳業＋雪国まいたけ：チューブ式バターを使い，まいたけを店頭で料理し，試食。共同懸賞も実施。
- ▶カゴメ＋イセ食品：ブランド卵とトマトケチャップ（父の日のオムライス）
- ▶ハウス食品＋カゴメ：ハヤシライスルーとトマト缶の共同陳列

　この当時は，共同陳列とか共同試飲・試食とかが中心だった。しかし，その共同クロスMDが効果的であるという結果が出たために，2007年秋になると，共同クロスMDは次の例のように進化していく[15]。

　① キリン＋ミツカン＋キリンビバレッジ

3社による「ぶりのしゃぶしゃぶ」での共同販促企画である。

- ▶キリン，ミツカンTV広告に「ぶりしゃぶ」を盛り込む。
- ▶スーパーで共同企画の売場を設ける（クロスMD）。
- ▶「一番絞り」（キリン）「かおりの蔵」（ミツカンのポン酢）「アルカリイオンの水」（キリンビバレッジ）
- ▶全国のスーパー約1,500店で展開。

　② キューピー＋JA全農長野

「きのこと白菜のサラダ」「きのこと長いものの炒めサラダ」というメニューの提案である。

- ▶「ディフェ」（キューピーの商品，マヨネーズ風調味料）と「やまびこし

めじ」(JA全農長野のブナシメジ)という2商品の共同販促である。
▶全国3,000店のスーパーでクロスMDを展開。
▶POP，レシピ(リーフレット)も用意し，試食会も実施。
▶「青果売り場に関連商品を並べたほうが2倍以上売れる」という証言もでた。

つまり，単なる共同クロスMDではなく，TV広告を活用したり，POPを用意したり，レシピを用意するなど，複数メーカーによる総合的販促提案になってきているのである。

共同クロスMDは継続しており，2010年秋には次のような提案があった[16]。

① ハーゲンダッツと資生堂

資生堂の「マジョロマンティカ」(香水)とハーゲンダッツの「ドルチェ　フォンダンショコラ」は主な購買層が重なると考えられるので，共同販促を展開した。資生堂は，両製品をアピールするPOPなどを売場に設置し，ハーゲンダッツはシールを100万枚以上作成し，商品の上蓋に貼り付けた。また，携帯電話向けの共通販促サイトも開設した。資生堂の「マジョロマンティカ」はドラッグストア中心に9500店に展開するが，「ドルチェ　フォンダンショコラ」はコンビニとスーパー中心なので，重複が少なく効果があると見込まれた。

② 花王とサントリー

花王の「ヘルシア」とサントリーの「黒烏龍茶」及び「胡麻麦茶」の共同クロスMD提案。共同でPOPを作り，全国のスーパー約4,000店で，両者の商品を並べた特設売場を展開した。

③ サッポロ，紀文食品とライオン

12月1日から1月初めまで，サッポロビール(エビスビール)，紀文食品(かまぼこ，だて巻き)，ライオン(ルックシリーズ)の3社が，共通の店頭販促(POP)を実施するほか共同の特設売場を設けた。全国の食品スーパー約4,000店で実施。

④ 宝酒造，岩塚製菓とイトウ製菓

宝酒造（清酒松竹梅）が，岩塚製菓やイトウ製菓と年賀用セット商品の販売で共同販促した。共通のPOPを用意し，催事売場で商品を一緒に陳列する。

このように共同クロスMDは，共生チャネル戦略の1つとして定着した感がある。この方法以外にも，今後，共生チャネル戦略の手法が開発されてくるものと考えられる。

8. 共同販売会社の設立

チェーン小売業と商談をし，販売するための専門会社で，複数のメーカーの共同販売会社である。このような会社は，まだないかもしれないが，有力ブランドを数多く持たないメーカーや規模の小さいメーカーは，このようにすることで，小売業の品揃えに対する影響力を強くすることができるかもしれない。

共同販売会社を作っているわけではないが，家庭薬16社（浅田飴，宇津救命丸，大田胃散など）は提携して，共同販促・物流を行っている。16社の製品21種類をドラッグストアに「家庭薬コーナー」として，目立つ場所に置いてもらうように交渉した。その後，これは家庭薬25社（龍角散，わかもと，大幸薬品，太田胃酸など）となり，共同販促活動を展開している。その一環でスギ薬局の約500店舗に共同売場を開設した。目立つ場所に25製品を1つの製品棚に陳列し，家庭薬の理解を促すための小冊子も配布している。将来は，受発注システム共通化や共同物流も目指している[17]。

この家庭薬25社などは，将来，経営統合するかもしれないが，その選択肢以外に，共同販売会社の設立という方法もあるのである。

9. 戦略的広報活動

自社の優れている点を大手チェーン小売企業にいかに伝えるかを考えることである。そのためのチームを作ることも有効である。

自社の優れている点をまず確認することから始めないといけない。経営方針，組織，業績，技術・ノウハウ，工場・設備，原材料，人材などを確認し，それらの中から，どれを大手チェーン小売企業に伝えるかを検討する必要がある。

それが明確になったら，どのように伝えるかである。

▶年2回行われる大手チェーン小売企業1社ずつに対して行う新製品発表会の席上でさりげなく映像で訴える。また，紙媒体でも配布する。

▶大手チェーン小売企業10社の役員に対して，毎月メールマガジンを配信する。その中で，自社のニュースと共に自社の優れている点もわかりやすく記載する。

▶大手チェーン小売企業10社の店舗に対して，薄い冊子を年に4回程度，配布する。自社のニュース，新製品情報などと共に自社の優れている点をさりげなく記載しておく。

もちろん，工場や倉庫などの最新設備，あるいはこだわりの原材料を作っているところなどに，大手チェーン小売企業10社のバイヤー，商品部長などを招待し，短時間のセミナーなども用意しておくことも有効かもしれない。

第2節　担当部署レベルの対応戦略

担当部署だけで最終意思決定ができるわけではないかもしれないが，少なくとも次の2つのことは担当部署が考えて提案する必要があると考える。

1. 関係性の管理〜チェーン小売企業を分類して対応すること〜

メーカーは，どのチェーン小売企業とどのような関係になりたいのかを意思決定することができる。どのチェーン小売企業とも同じに対応するという全方位的対応は時代錯誤である。売上高だけを問題にしてはいけない。むしろ，個々のチェーン小売企業との収益を問題にすべきである。

しかし，1社ごとに営業をすべて変えるというのは現実には難しいので，

チェーン小売企業を何らかの基準で分類し，その分類ごとに対応を変えていくべきである。

それでは，どのような基準でチェーン小売企業の成果を評価すべきなのだろうか。ここでは，利益を特に問題にしているので，チェーン小売企業ごとのメーカーにとっての収益性分析が重要であると考えている。そこで，筆者は，図表12-1の主要小売企業別販売依存度・収益性マトリックス（略称，SDRマトリックス）の作成を提案している。

この図の縦軸は，チェーン小売企業の成長性（売上増加率）である。図中の「平均」は日本の小売業全体の売上増加率でもよいし，日経流通新聞社が毎年実施している日本の小売業調査の上位500社の売上増加率でもよい。横軸は，メーカーのチェーン小売企業別の営業利益率（営業利益額／売上高×100）である。また，図の円の大きさは，メーカーの当該小売企業への販売額を示している。

この図を作成する上での問題点は，個々のチェーン小売企業との取引でのメーカーの営業利益の推定（具体的にはコスト配分）が難しい点にあるが，あ

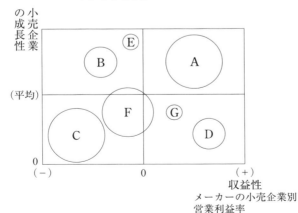

図表12-1　販売依存度・収益性マトリックス（SDRマトリックス）

（出典）　住谷宏『利益重視のマーケティング・チャネル戦略』同文舘出版，2000年，217ページ。

る基準に従ってコスト配分をして，不十分な点がたとえあっても収益性分析をまずしてみることが重要である。その上で，不十分な点は徐々に改善していけばよい。このような図が作成されたら，最初に，次のような諸点から図表12-1のＡ小売企業とＣ小売企業との比較をしてみるべきである。

① 品目別販売構成比：メーカーにとって利益の大きい商品，小さい商品があるのでそれらの販売構成比が異なるために，利益率が異なるのかどうかというチェックが必要である。ここに問題があれば，Ｃ小売企業に対して，メーカーとしての利益率の大きい商品の販売に力を入れるように販売企画内容を変えていくのが望ましい。

② 取引条件の相違：納品価格の相違，その小売企業への売上高に占める拡売費（あるいは販売促進費）の割合の相違，年契の相違，小売企業からの各種要請の相違などを比較する必要がある。そして，どの点に問題があるのかを明らかにすることが重要である。

③ 担当営業マンの質：Ａ小売企業とＣ小売企業の担当者は異なることが多い。そのため，担当者の対応の差かもしれない。そのため，両方の担当営業マン及び責任者と面接をし，どのような情報提供をしているのか，機会主義的行動をとらなかったかどうかなどを聞いてみる必要がある。特に，①や②の点で相違が少ないほど，この問題があるのかもしれない。

④ コミュニケーション：メーカーとしてＡ小売企業とＣ小売企業との間のコミュニケーションレベルに差がないかどうかも確認する必要がある。担当営業マンとバイヤーとの接触度合い，担当部長と小売企業の商品部長との接触度合い，役員同士の接触度合い等に相違がないかどうかを調査すべきである。これが，双方の理解度や信頼度あるいは協力度に影響をもたらす可能性がある。

このような分析で，答えが出る場合もあるかもしれない。その上で，各小売企業との関係性についての方針を作り，それぞれの対応を考えて行くのが現実的であろう。

基本的には，現在，利益をあげている小売企業との取引量を増やして行く必要があるし，それらの小売企業との間に長期的良好な関係を構築していく努力

が必要である。

　現在，赤字の小売企業との対応では，上記の分析によって，どのように対応すべきかが判明する場合もあろうが，明確な回答が出ない場合も考えられる。これらの小売企業と将来的にも取引を継続していきたいと考えるのなら正に依存関係を変える戦略を立案する必要がある。

　このような発想を採用している企業として，キリンを指摘することができる。キリンは，2002年秋から営業マンの裁量の余地を排除し，チェーン小売業での特売回数や金額などを取引先ごとに機械的に決めた。そして，販売奨励金と広告費の削減を年間140億円達成した。また，2002年9月，（株）キリンコミュニケーションステージを設立した（07年より，キリンマーチャンダイジング（株）に社名変更）。チェーン小売業店頭におけるマーチャンダイジングの専門会社で，従業員約2,300名である。

　2005年をめどに全国のチェーン小売業約400社を選び，企業ごとに年間の取引損益と将来性を判断して営業戦略を策定している。小売企業ごとの年間の取引損益の計算は，営業活動を15に分類（棚割り提案，改装時の売り場作り支援，キャンペーン提案など）し，それぞれの平均単価を計算する。そして，どの小売企業にどの活動を何回実施したかによって総コストを算出する。販売金額からそのコストを引いて損益を計算している[18]。

　そして，チェーン小売企業ごとに，今後の出店計画や成長予測など将来性を定量的に予測している。このように，個別のチェーン小売企業の評価に基づいて営業内容を決めている。なお，2005年からは，これから有望なチェーン小売企業に資源を重点的に配分して，過去のデータだけに依存しないように修正している。

2．質的に依存させること

　依存するとそれだけ取引相手にパワーを与えることになり，それだけ発言力を与える。これは長期的に収益に関係してくる可能性が高い。そのため，POSデータの分析力でも，異業種メーカーとのクロスMDでもよいが，何かに質的

に依存してもらうことが大切である。

　第7章で検討したように，一方ではチェーン小売業はメーカーへの依存度合いが若干の分野で軽減し，他方でメーカーはチェーン小売業の資源への依存度合いが強くなり，新たな依存形態も出現して来ている。そのため，相対的にメーカーのチェーン小売業への依存の程度が高くなる傾向がある。資源の重要性とか代替性の不完全性を考えると，チェーン小売業の販売力の重要性がより高まっており，相互に依存しているのであるが，メーカーのチェーン小売業への依存の程度が大きくなって来ていると言えそうである。

　このような状況にあるために，チェーン小売業のバイイング・パワーは強化されてきているのである。メーカーとしては，チェーン小売業に依存されるものを一つでも多く持つ必要がある。ブランド・ロイヤリティの強化はもちろんであるが，他社に比べて圧倒的な製品開発力とかプロモーション力とか情報力とか，自社の資源に照らし合わせて，チェーン小売業に依存してもらえるものを提供していかないといけない。

　何に依存してもらうのかを企画・準備するのが担当部署としての役割の1つである。依存してもらうためには，何が必要なのか再確認する必要がある。

　信頼とメーカーの業績との因果分析は，第7章ですでに行っている。そのため，メーカーは，情報提供の適切度を高めなければならない。そして提供情報の種類や量を十分にし，また，正確な情報を提供する必要がある。提供情報の種類や量を十分にするためには，情報開発部とかマーチャンダイジング支援部署などを新たに設ける必要も出てくるかもしれない。また，依存してもらう情報についても，1次データとしての独特の資料なのか，2次データの分析力なのか，データ分析に基づく提案内容なのか，この点について，自社の資源と競合メーカーの資源を照らし合わせて，自社の強みがどこにあるのかを分析したのちに，方針を決めていく必要がある。

3. チェーン小売業の自社に対する評価についての定期的調査

　大手チェーン小売企業10〜20社が，自社をどのように評価しているのかに

ついて定期的にヒアリング調査するのも有益である。

　自社に対するイメージ，自社の製品に対するイメージ，自社の担当営業マンに対する評価，自社に対する不満・要望，自社を評価している点など，工夫して，多面的にバイヤー調査をすることによって，大手チェーン小売企業10～20社の自社に対する評価や位置付けが確認されるので，それを基に大手チェーン小売企業10～20社それぞれに対して，今後，どのように対応していこうかと考えることが大切となる。もちろん，毎年の工夫・努力がどのように評価されたのかもわかる。

　そのため，大手チェーン小売企業10～20社の自社に対する評価を定期的に調査することは重要なことである。

注記

1) 『日本経済新聞』2009年9月12日号。
2) Davies, Gary（1993），*Trade Marketing Strategy*, Paul Chapman Publishing Ltd., chap.10.
3) 「味の素どこまで強いのか（上）（下）」『日本経済新聞』2004年12月2日号，2004年12月4日号。
4) 『日本経済新聞』2011年5月26日号
5) 『日経MJ』2017年11月10日号。
6) 『日経MJ』2014年9月3日号。
7) 『日本経済新聞』2016年5月24日号
8) 『日経MJ』2016年3月9日号。
9) ネスレの事例については，『日本経済新聞』2014年8月28日号，および『日経MJ』2015年2月27日号に依拠している。
10) 『日本経済新聞』2006年6月29日号（地方経済面　千葉），および『日経産業新聞』2006年10月19日号。
11) ライオンは，2007年の春に，営業本部を廃止した。そして，ヘルスケア事業本部とハウスホールド事業本部の中に営業部を置いた。コスト管理が主な変更理由である。以上は，『日経MJ』2007年4月30日号より。
12) マルハとニチロの記述は，『日本経済新聞』2006年12月13日号，2006年12月16日号，2006年12月24日号，および『日経MJ』2006年12月13日号に依拠している。
13) 『日経MJ』2009年6月5日号。この当時は，カルピスをいれて7社だったが，その後，カルピスはアサヒ飲料に吸収合併されている。

14) 『日経MJ』2005年2月18日号。
15) ①は『日経MJ』2007年10月15日号，②は『日経産業新聞』2007年11月29日号による。
16) ①は『日経MJ』2010年9月12日号，②は『日本経済新聞』2010年9月22日号，③と④は『日本経済新聞』2010年10月8日号による。
17) 家庭薬メーカーの共同販促の事例については，『日本経済新聞』2006年1月13日号（夕刊），および『日本経済新聞』2008年4月27日号に依拠している。
18) 『日本経済新聞』2003年6月19日号，および『日本経済新聞』2003年8月22日号。

終　章
チャネル戦略研究の課題

　チャネル戦略研究の課題としては，少なくても以下の5つ（第1節～第5節）がある。

第1節　バイイング・パワーに関する研究

(1)　バイイング・パワーの測度開発
　今一番重要なのは，バイイング・パワーの測度を開発することである。
　方向性の1つは，金　昌柱（2011）の研究にみられるような，パワーの代理指標を測定する方法である。「資本利益率」「売上高総利益率」「売上高税引前利益率」「総資産税引前利益率」あるいは金　昌柱が開発した「売上高流通営業利益率」などを測定して，その数値の動向から，消費財メーカーから小売業へとパワーシフトが生じていることを実証しようとする研究が行われている。金　昌柱は，食品メーカー469社，食品卸売業369社，食品小売業118社について，1967年から2007年までのデータを分析している[1]。
　パワーシフトの研究であれば，金　昌柱のような研究も意義があると思うが，バイイング・パワーの測度として，小売企業の「資本利益率」「売上高総利益率」「売上高税引前利益率」「総資産税引前利益率」「売上高流通営業利益率」が代理変数になるのだろうか。例えば，現在のように大手小売企業がPBを積極的

に開発して，販売していると，PBがヒットすると利益が増加し，PBにヒット商品が出ないと利益が減少するという傾向もある。もちろん，コスト削減に成功して利益が増加することもある。そのため，例えば，売上高総利益率がバイイング・パワーの代理変数だと言うのには無理があるように思える。ただ，このような代理変数で測定するのは，客観的データで測定するという点に魅力があるので，これからもさらに研究されることを期待したい。

　もう1つの方法は，知覚データでバイイング・パワーを測定する方法ではないかと考える。つまり，かつてのコンフリクトに関する実証研究のようなやり方である。コンフリクト研究では，測度として，「コンフリクトの重要性」「コンフリクトの頻度」「コンフリクトの強度」があげられていた。このように「バイイング・パワーの重要性」「バイイング・パワーの頻度」「バイイング・パワーの強度」などの測度を開発し，間隔尺度で消費財メーカーの広域営業本部長あるいは広域営業本部に所属している営業マンのの知覚を調査するという方法も考えられる。これらの調査から，どの測度がより望ましいのかといった研究も可能である。「重要性」「頻度」「強度」の中のどれが最も望ましい測度なのか，あるいはそれらの2つ，あるいは3つの乗算が最も望ましいのかといった研究である。もちろん，このような調査方法では被験者が協力してくれるかどうかという問題もあり，データの安定性にも問題があるかもしれない。しかし，調査技法もデータ分析も進歩してきているので，このような方法の研究にも期待できるのではないかと思う。また，最初に消費財メーカーの業種別の業界団体と協力し合って，半年に一度とかの間隔で定期的に調査する方法もある。大手チェーン小売企業ごとにバイイング・パワーの測定をするのであれば，業界団体も協力するのではないかと思われる[2]。

　バイイング・パワーの測度開発は，極めて重要なので，是非，研究していただきたい課題である。

（2）　バイイング・パワーの測定・規定因の分析

　もしも，バイイング・パワーの測度が開発されたら，バイイング・パワーの測定が早速行われることになる。定期的継続的測定が望まれる。測定できれば，

その規定因についての仮説を展開し，規定因の分析を行うことができる。幾つかの説明変数だけで説明がつくのか，あるいは継起的因果関係でないと説明がつかないのか，興味はつきない。バイイング・パワーの測定さえできれば，この研究は一気に進歩し，研究そのものが楽しくなると考えられる。

（3） バイイング・パワーのコントロール（調整）

バイイング・パワーの規定要因の研究が進めば，当然ながらバイイング・パワーをある程度コントロールすることができるようになる可能性がある。これは重要な消費財メーカーのチャネル戦略になる。ここまでいけるとチャネル戦略の新たなステージになる。

第2節　チャネル戦略とバイイング・パワーに関する国際比較

チャネル戦略やバイイング・パワーの国際比較は，まったく皆無に近い。これを研究すれば，たちまち有力な研究成果になる。

（1） 消費財メーカーの大手チェーン小売業に対する活動の国際比較

基本は，アメリカとかイギリスとかオーストラリアとかカナダなどの消費財メーカーが，大手チェーン小売業に対して，どのような営業活動を行っているのかを明らかにすることである。例えば，消費財メーカーの営業組織はどのように構成されているのか。消費財メーカーの営業マンの大手チェーン小売業への訪問頻度は，どのくらいなのか。チェーン小売業のバイヤーは，何を重視して商品を仕入れているのか。どのような取引条件なのか。ディスカウントやアローワンスはどのようになっているのか。メーカーとチェーン小売業との協力関係は構築されているのか。メーカー同士のチェーン小売業への営業活動で協力関係はあるのか。知りたいことはたくさんあるが，それに答えてくれる論文や著書はない。

(2) PBの国際比較

PBの国際比較に関する情報は,時々目にする。しかし,時代と共にPBも変化するので,数年おきに次のようなことは知りたい。各国のPB比率,小売業態別のPB比率,PBの市場規模,PB製品製造の専業メーカーの有無,どのような製品種類でPBが多いのか,各国の業種別のリーダー企業はPBを受託生産しているのか,各国の消費財メーカーのPB対応戦略にはどのようなものがあるのか,など継続的に知りたい情報である。

(3) バイイング・パワーの国際比較

もしも,バイイング・パワーの測度が開発されたら,その測度によって,バイイング・パワーの国際比較を定期的に行いたい。このような事ができたら,多くの研究者がこの問題に注目し,大いに研究は進むと考えられる。

(4) バイイング・パワーに対する法規制の国際比較

バイイング・パワーに関する法規制も各国,異なるはずである。法律の専門家の中にはそれを知っている方もいると思われるが,流通・マーケティング研究をしている研究者の目線で,各国のバイイング・パワーに関する法規制の違いとその理由を明確にできると素晴らしい研究成果になる。

第3節 チャネル戦略とネット通販

消費財メーカーからすれば,ネット通販も1つのチャネルであるが,チャネル戦略から見たネット通販の研究が,ほとんどされていないのが現状である[3]。この点の研究も必要になってきている。

(1) 消費財メーカーのネット通販への対応の類型

消費財メーカーによって,ネット通販への取り組みは様々である。ネット通販に取り組んでいないメーカー,プラットフォーマーに出店・出品しているメー

カー，自社サイトを強化しているメーカーなど消費財メーカーによって様々である。その違いは，製品の種類によるのか，あるいは単なるメーカーの戦略の違いなのか。

まずは，消費財メーカーのネット通販への対応の類型化をして，その次になぜ，そのように対応が異なるのかについての仮説展開が欲しいところである。

消費財メーカーの多くは，卸売業・小売業のおかげで自社製品が売れてきたという認識があるので，自らネット通販で商品を販売するということは，小売業のライバルになるということを意味しており，積極的には行えないはずである。そのため，それぞれのメーカーはネット通販を1つのチャネルにするときに何らかの工夫をしているはずである。時には，ネット通販専用商品を用意するとか，1個単位で販売せずに，半ダースあるいは1ダース単位で，しかもメーカー希望小売価格でのみの販売しかしないなど，小売業と競合していないという工夫をしていることも多い。また，花王のようにアマゾン，楽天，ヤフーショッピングなどに「花王MALL」とか「KAO SHOP」などを設けて，そこで消費者に情報を発信するが，注文すると実際の購入は提携事業者であるドラッグストアとかロハコなどから購入することになる工夫をしている。

このような工夫には，どのような種類があるのかも明らかにすることが重要である。

(2) チャネル戦略にネット通販をどのように取り入れるのか？

オンワードホールディングスの2019年2月期決算説明会資料によるとオンワードの2019年2月期の業績は，売上高2,407億円（前年比−1.0％），営業利益45億円（前年比−13.7％）であった。この売上高をチャネル別にみると，百貨店65.7％，EC14.0％，SC・アウトレット13.9％，その他6.3％であった。次年度の予想では，ECが18.5％増加し，SC・アウトレットも7.0％増加するが，百貨店は7.3％減少することになっている。

この成長が見込まれるECチャネルであるが，その中心の「オンワード・クローゼット」は，アクセス件数，購入者数ともに前年比35％増加している。また，オンワード公式アプリを2018年11月に立ち上げたところ，ダウンロー

ド件数が順調に推移し，3カ月で18万ダウンロードを達成し，アプリ経由の売上高の11月から2019年2月末までの実績は計画比120％であった。このECの直営比率はオンワード樫山で85％である。

　このようにECチャネルの成長が見込まれるオンワードはZOZOTOWNにも出店していた。ところが，2018年12月25日に突然，ZOZOは「ZOZOARIGATOメンバーシップ」を開始すると発表した。これは，有料会員向け割引サービスで，税別で年間3000円か月間500円を支払うと購入額の10％を割引きするというものである。ただ，ZOZOはその日からZOZOTOWNの商品の価格をすべて10％割引で表示した。これではブランド価値が毀損すると判断し，ただちにオンワードはZOZOTOWNでの販売を停止し，その後，撤退した。結局，「ZOZOARIGATOメンバーシップ」の割引を嫌って，2019年1月末までに42店が販売中止し，2019年4月25日現在で，21店が撤退，7店舗が販売開始，14店が販売を停止している[4]。オンワードは，成長しているECチャネルでZOZOTOWNへの販売依存度が低く，自社サイトが好調に成長しているところから，1割引表示をされたら，自社の百貨店やSCでの売上や自社ECサイトでの売上にマイナスの影響が出ると判断し，即座にZOZOTOWNでの販売を中止にしたのである。

　このように成長するチャネルを利用するにしても，依存度を高めると相手にパワーを与えることになるので，オンワードのように一定割合以下の依存だったので，チャネル戦略の余裕度が高く，ブランド価値を毀損することなく，チャネル戦略を変更できたのである。

　この例から言えることの1つは，既存のECチャネル（プラットフォーマー）をチャネルの1つとして活用することはできるが，既存のECサイトとの対応を調整するのが難しいということである。現在，プラットフォーマーは一方的に自社で条件などを決めて，出品者や出店者に通告することがほとんどなので，チャネル調整ができないという側面があり，従来のチャネル戦略の考え方にあてはまらない面がある。関係性の管理もできない可能性が高い。そのため，リスクを低くしておくという考え方をする意外に戦略的に考えることが難しいので，その点をどのようにチャネル戦略に組み入れるのかが課題の1つである。

第4節　消費財メーカーのチャネル戦略の変化に関する研究

　具体的には，「消費財メーカーの大手チェーン小売業への営業活動の変化に関する研究」，「消費財メーカーの卸売業への営業活動の変化に関する研究」，「消費財メーカーの系列店政策の変化に関する研究」などがある。
　いずれのテーマを研究するにしても，日頃から新聞・雑誌などの記事を注意深く見て，動向を把握するように努める必要がある。その上で，若干の仮説を持ちながらヒアリング調査するのが一般的である。しかし，決められた時間内に自分が知りたいことを必ずしも教えてくれるとは限らないので，一度のヒアリングだけでは不十分になる可能性が高い。そのため，数社にヒアリングすることになることが多い。それよりも研究会を開催し，そこに消費財メーカーの広域営業本部の方や営業企画部の方，あるいは担当役員などが参加してくれると定期的に情報交換やディスカッションができるので，非常に有意義である。もちろん，その研究会が企業の方にとって，有意義でメリットがないとわざわざ参加してくれないので，役に立つような情報提供ができることが大切になる。また，消費財メーカーのスタッフやチェーン小売業のバイヤーなどにアンケート調査することも変化とその原因を把握するのに有効である。
　このようにして，チャネル戦略の変化に注目して，その変化と変化が生じた原因を明確にすることが研究の上では重要となる。

第5節　バイヤーに関する継続的調査研究

　チェーン小売業のバイヤーを対象とした調査を定期的に，継続的に行うことができれば，バイヤーの考え方が理解できるようになるし，また，バイヤーの考え方の変化も理解できるかもしれない。また，調査の仕方によっては，メーカーをどのように評価しているのかを知ることもできる。そのため，メーカーからすれば関係性の管理にも役に立つ。

ただし，バイヤー調査の難しさの1つは，バイヤー名簿がないことである。筆者が行ったバイヤー調査では，10社程度の消費財メーカーから取引先チェーン小売業のバイヤー名簿を提出していただいて，それをもとにバイヤー名簿を作り，調査した[5]。また，出版社の流通業者向け雑誌の購読者のうち，チェーン小売業のバイヤーを抽出し，それを名簿にしてバイヤー調査を行ったこともある[6]。

　このようになんらかの方法でバイヤー名簿を作成し，回答してくれたバイヤーにとっても有益な情報になるように調査設計されていれば，バイヤーの協力も得られる。

注記

1) 金 昌柱 (2011)「小売パワーと流通パワーシフトに関する実証分析—食品産業における試論的分析—」『社会システム研究』(立命館大学), 第22号。
2) 筆者が自分でやるべきだが，行動力が欠如してきている。誰かやるきのある研究者がこのような仕組みを作ろうとしたり，作られたら，調査方法などについてはいくらでも相談に乗る用意がある。
3) この問題については，三村優美子・朴正洙編著 (2018)『成熟消費時代の生活者起点マーケティング』千倉書房, が参考になる。
4) 岡田 悟 (2019)「ZOZO前澤社長が示した［保守的すぎる］経営目標　決算不調まるで別人」『ダイヤモンドオンライン』4月26日。
5) 社団法人　日本マーケティング協会で研究会を開催していただき，その研究会でバイヤー調査を4回行った。いずれも調査対象は，菓子・加工食品・日配・アルコール飲料・トイレタリーを担当しているバイヤー。1996年調査：有効回答数280，1997年調査：有効回答数217，1998年調査：有効回答数117，1999年調査：有効回答数169。
6) ダイヤモンドフリードマン社の購読者リストをもとにしたバイヤー調査を4回行った。2004年調査：有効回答数60，2005年調査：有効回答数92，2006年調査：有効回答数137，2007年調査：有効回答数129。

〈付属資料〉 住谷宏のチャネル戦略研究関連著書・論文

1．著書
（1） 住谷　宏編著（1992）『大転換期のチャネル戦略』同文舘出版。
（2） 住谷　宏（2000）『利益重視のマーケティング・チャネル戦略』同文舘出版。
（3） 住谷　宏（2004）『バイヤーが嫌いな営業マン・信頼する営業マン』中央経済社。
（4） 住谷　宏（2012）『消費財メーカーのチャネル戦略』（博士論文，未刊行）。

2．分担執筆
（1） 住谷　宏（1989）「転換期のチャネル政策」，流通政策研究所編『流通新世紀』（日本経済新聞社）135-150ページ。
（2） 住谷　宏（1996）「建値制・流通系列化の崩壊とこれからのチャネル政策」，久保村隆祐編『第二次流通革命』（日本経済新聞社）178-192ページ。
（3） 住谷　宏（1997a）「消費財メーカーの量販店政策の視点」，宮下正房編著『流通の転換』（日本経済新聞社）68-75ページ。
（4） 住谷　宏（1997b）「対量販店取引戦略」，宮下正房編著『挑戦する卸売業』（日本経済新聞社）103-150ページ。
（5） 住谷　宏（2003）「ブランド価値実現のためのチャネル戦略」，住谷　宏・塚田朋子編著『企業ブランドと製品戦略』（中央経済社）113-126ページ。
（6） 住谷　宏（2008）「チャネル・マネジメント」，上田隆穂・青木幸弘編著『マーケティングを学ぶⅠ』（中央経済社）157-184ページ。

3．翻訳
（1） ゲィリー・デービス著，住谷　宏・伊藤　一・佐藤　剛訳（1996）『トレード・マーケティング戦略』同文舘出版。

4．論文
（1） 住谷　宏（1989）「メーカーの特約店政策に関する一考察」『マーケティングジャーナル』Vol.9, NO.3.
（2） 住谷　宏（1991）「成果を高める量販店政策に関する経験的研究」『マーケティングジャーナル』Vol.11, NO.2.
（3） 住谷　宏（1992）「高集中度販路におけるチャネル戦略」『マーケティングジャーナル』Vol.11, NO.4.
（4） 住谷　宏（1993）「価格訴求小売業態の台頭とメーカーのチャネル戦略」『流通政策』NO.53。
（5） 住谷　宏（1994）「コスト・マイナス法の限界」『流通情報』（財）流通経済研究所，第301号。
（6） 住谷　宏（1995）「チャネル戦略の意思決定領域」『経営研究所論集』第18号。
（7） 住谷　宏（1996）「チャネル管理手法の新展開」『経営研究所論集』第19号。
（8） 住谷　宏（1998a）「メーカーと量販店との信頼関係に関する一考察」『経営論集』第

47号。
(9) 住谷　宏（1998b）「トレード・マーケティング戦略とキーアカウント・マネジメント」『経営論集』第48号。
(10) 住谷　宏（1999）「片肺飛行のチャネル戦略」『流通情報』（財）流通経済研究所，第355号。
(11) 住谷　宏（2000）「消費財メーカーと組織小売業との信頼の因果分析」『経営論集』第51号。
(12) 住谷　宏（2001）「揺れ動く取引関係の道標」『流通情報』（財）流通経済研究所，第379号。
(13) 住谷　宏（2006）「首輪をはめられたメーカー」『流通情報』（財）流通経済研究所，第448号。
(14) 住谷　宏（2014）「バイイング・パワーと消費財メーカーの対応戦略」『流通』日本流通学会誌，第30号。
(15) 住谷　宏（2015）「シェアNO.1メーカーはPBを供給すべきか？」『経営論集』第86号。

5. 書評
(1) 住谷　宏（1991）「テーマ書評　マーケティング・チャネル管理論」『マーケティングジャーナル』Vol.11, NO.4。
(2) 住谷　宏（1994）「書評・髙島克義『マーケティング・チャネル組織論』」『RIRI流通産業』VOL.26, NO.8。
(3) 住谷　宏（1998）「書評・尾崎邦仁博『流通パートナーシップ』」『同志社商学』第50巻，第1・2号。

索　引

〔あ行〕

IBCM 説 …………………………………… 50
アイランド ………………………………… 90
安心 ………………………………………… 113

ECR ………………………………………… 100
インストアシェア ………………………… 122

営業資源の価値モデル …………………… 51
エンド ……………………………………… 89

オープン・チャネル ……………………… 6
押しつけ販売 ……………………………… 136

〔か行〕

開閉基準 …………………………………… 32
開放的チャネル政策 ……………………… 34
価格コントロールのためのリベート …… 67
価格分散 …………………………………… 74
課徴金 ……………………………………… 153
買回品 ……………………………………… 34
関係性の管理 ………………………… 29, 170
監視コスト ………………………………… 115
完成品商談 ………………………………… 94

起案プロセス ……………………………… 81
キーアカウント …………………………… 170
　　――・マネジメント ………………… 157
　　――の認知段階 ……………………… 168
機会主義 …………………………………… 113
季節リベート ……………………………… 67
共生チャネル戦略 ………………………… 204
協調 ………………………………………… 22
共同販促 …………………………………… 102

首輪をはめられたメーカー ……………… 195
久保田方式 ………………………………… 5
クローズド・チャネル …………………… 6
グロスマーケティング …………………… 90

計画的販売の構図 ………………………… 80
経済的取引 ………………………………… 114

CASE ……………………………………… 6
月間リベート ……………………………… 67
決算協賛金 ………………………………… 118
欠品粗利保障 ……………………………… 140
欠品ペナルティー ………………………… 140
現実認識の相違 …………………………… 118

広域営業本部 ……………………………… 194
広狭基準 …………………………………… 32
高集中度販路 ……………………………… 59
小売業の上位集中度 ……………………… 7
コスト・プラス方式 ……………………… 76
コスト・マイナス方式 …………………… 76
個別対応型動機付けのためのリベート … 67
コンセプト商談 …………………………… 94
ゴンドラエンド …………………………… 89
コンフリクト ………………………… 22, 46
　　――管理 ……………………………… 26

〔さ行〕

サプライチェーン・マネジメント ……… 161

仕入れ依存度 ……………………………… 48
資源依存モデル …………………………… 49
事後的信頼 ………………………………… 112
市場カバレッジ …………………………… 25
事前的信頼 ………………………………… 112
下請法 ……………………………………… 155
支店・営業所体制 ………………………… 202
支払いサイト ……………………………… 24
社会的取引 ………………………………… 114
周年協賛金 ………………………………… 136
集約的チャネル政策 ……………………… 34
準専売店 …………………………………… 65
商品コンセプト …………………………… 89
商物一致 …………………………………… 24
商物分離 …………………………………… 24
情報共有 …………………………………… 103
所有権移転経路 …………………………… 16
白物パッケージ商談 ……………………… 94
人格的信頼 ………………………………… 114
新制度派アプローチ ……………………… 51
信頼 ………………………………………… 112
　　事後的―― …………………………… 112

事前的―― … 112
　　人格的―― … 114
　　善意に基づく―― … 113
　　人間関係的―― … 114
　　能力に対する―― … 113
　　約束厳守の―― … 112

製造業者のパラドックス … 45
善意に基づく信頼 … 113
選択的チャネル政策 … 34
専売 … 36
専売店 … 65
専門品 … 34
専用商品 … 165
戦略的広報活動 … 207
戦略的提携 … 100
戦略的同盟 … 96

損益分岐点比率 … 195

〔た 行〕

大規模小売業告示 … 133, 145
大陳 … 90
ダイヤモンド型 … 171
代理店 … 23
　　――契約 … 66
建値 … 76
棚の拡張提案 … 91
短期的チャネル評価 … 54
探索価値 … 38
探索性向 … 38
探索費用 … 38

チェーン小売業 … 127
　　――対応部署 … 194
チャネル・アレンジメント … 29
チャネル・キャプテン … 22
チャネル・デザイン … 25
　　――の基準 … 26
チャネル・マージン … 81
チャネル・マネジメント … 24
チャネル・メンバー … 22
チャネル・リーダー … 22
チャネル運営 … 28
チャネル関係 … 29
チャネル管理 … 25
チャネル交渉の要因関連モデル … 44
チャネル構築 … 31
チャネル政策 … 34

　　開放的―― … 34
　　集約的―― … 34
　　選択的―― … 34
チャネル戦略 … 3
　　共生―― … 204
　　――研究 … 3
チャネル調整 … 29
チャネル論 … 4
長期的チャネル評価 … 54
長短基準 … 32

提案内容 … 81
低集中度販路 … 59
　　――におけるチャネル戦略の経験則 … 62
定番 … 89
　　――のフェースシェア … 122
店頭管理 … 115
店頭露出最大化の原則 … 88
店舗フォロー … 115

動機付け … 43
同調化性向 … 45
同調性水準 … 45
独占禁止法 … 143
特約店 … 23
　　――契約 … 66
都市計画法 … 8
閉じたチャネル … 36
独禁法の運用強化 … 77
取引条件の非標準化の原則 … 67
トレード・プロモーション … 163
トレード・マーケティング・マネジメント … 158
トレード・マーケティング・ミックス … 163
トレード・マーケティング戦略 … 157

〔な 行〕

入荷許可制限 … 140
人間関係的信頼 … 114

ネット通販 … 10
年契 … 101

能力に対する信頼 … 113

〔は 行〕

バーゲニグ・パワー … 128
バイイング・パワー … 128
　　――の測度 … 215
配荷店数量最大化の原則 … 62

配給経路	15	マルチプルズ	157
バタフライト型	171	三越事件	143
パワー	46	ミラー関係	171
パワー・コンフリクトモデル	46		
パワー資源	46	メーカー希望小売価格	76
販社	66		
販売依存度	48	目標達成リベート	67
――・収益性マトリックス	209	目標の相違	117
販売経路	15	最寄品	34
販売の地理的範囲の決定	31		

〔や行〕

PB	176	約束厳守の信頼	112
ビジネスパートナー	170	8つのフロー	22
百貨店業告知	145		
開いたチャネル	36	誘因	44
		優越的地位の濫用	143
物的移転経路	16		

〔ら行〕

物流管理	161	リベート	76
フランチャイズ・チェーン	127	価値コントロールのための――	67
ブランド・マネジャー	158	季節――	67
		月間――	67
閉チャネル	45	個別対応型動機付けのための――	67
併売	36	目標達成――	67
		流通系列化の原則	65
報酬パワー資源	49	流通経路	15
ボランタリー・チェーン	127	流通チャネル	15
		――戦略	3

〔ま行〕

マーケティング・チャネル	15	レギュラー・チェーン	127
――の定義	21		
――論	4	ローソン事件	143
マーケティング・チャネル行動	17	ロジスティクス	161
マーケティング・チャネル戦略	3		
マネキン販売	91		

<著者紹介>

住谷　宏（すみや　ひろし）

東洋大学経営学部教授。博士（経営学）。
1953年秋田県生まれ。横浜国立大学経営学部を卒業後、横浜国立大学大学院、日本大学大学院を経て、千葉商科大学専任講師に就任。同大学助教授、教授を経て、93年より現職。

《主要業績》
『流通論の基礎（第3版）』（編著）中央経済社、2019年。
『現代の小売流通（第2版）』（共編著）中央経済社、2016年。
『商学通論（九訂版）』（共著）同文舘出版、2016年。
『利益重視のマーケティング・チャネル戦略』（単著）同文舘出版、2000年。

2019年9月10日　初版発行　　　　　《検印省略》
　　　　　　　　　　　　　　　　略称：現代チャネル

現代のチャネル戦略
―チャネル戦略研究への招待―

　　　著　者　©住　谷　　　宏
　　　発行者　中　島　治　久

　　　発行所　同文舘出版株式会社
　　　　　東京都千代田区神田神保町1-41　〒101-0051
　　　　　電話　営業（03）3294-1801　編集（03）3294-1803
　　　　　振替　00100-8-42935　http://www.dobunkan.co.jp

Printed in Japan 2019　　　　印刷：萩原印刷
　　　　　　　　　　　　　　製本：萩原印刷

ISBN 978-4-495-64991-3

JCOPY〈出版者著作権管理機構　委託出版物〉
本書の無断複製は著作権法上での例外を除き禁じられています。複製される場合は，そのつど事前に，出版者著作権管理機構（電話 03-5244-5088，FAX 03-5244-5089，e-mail: info@jcopy.or.jp）の許諾を得てください。